上海市同济医院大健康工程管理研究所
上海市工程管理学会大健康工程管理专委会

2022版

中国科普期刊
概览与目录

主编　王韬

科学技术文献出版社
SCIENTIFIC AND TECHNICAL DOCUMENTATION PRESS

·北京·

图书在版编目（CIP）数据

2022版中国科普期刊概览与目录/王韬主编. —北京：科学技术文献出版社, 2022.12
ISBN 978-7-5189-9993-4

Ⅰ.①2… Ⅱ.①王… Ⅲ.①科技期刊—出版工作—研究—中国—2022 Ⅳ.①G237.5

中国版本图书馆CIP数据核字（2022）第236755号

2022版中国科普期刊概览与目录

| 策划编辑 | 邓晓旭 | 责任编辑 | 胡 丹 邓晓旭 | 责任校对 | 张永霞 | 责任出版 | 张志平 |

出 版 者　科学技术文献出版社
地　　址　北京市复兴路15号　邮编　100038
编 务 部　（010）58882938，58882087（传真）
发 行 部　（010）58882868，58882870（传真）
邮 购 部　（010）58882873
官方网址　www.stdp.com.cn
发 行 者　科学技术文献出版社发行　全国各地新华书店经销
印 刷 者　北京地大彩印有限公司
版　　次　2022年12月第1版　2022年12月第1次印刷
开　　本　710×1000　1/16
字　　数　96千
印　　张　8
书　　号　ISBN 978-7-5189-9993-4
定　　价　128.00元

版权所有　违法必究

购买本社图书，凡字迹不清、缺页、倒页、脱页者，本社发行部负责调换

《2022 版中国科普期刊概览与目录》编委会

顾　问：程英升　许树长

主　编：王　韬

副主编：李　俊　居宇峰　韩庆辉

编　委：柳伊娜　杨　智　盛　柏　甘　迪
　　　　陈　梦　杨　沐　张育琳　孙　烽
　　　　钱梦岑　董宁欣　朱建辉

主编简介

王韬，上海领军人才，全国创新争先奖状获得者，国家健康科普专家库首批成员，国家电影局科幻电影科学顾问，中国科普作家协会医学科普创作专委会主任委员，中华医学会《健康世界》杂志执行副总编，上海交通大学中国医院发展研究院卫生应急管理研究所所长。现任上海市同济医院大健康工程管理研究所执行所长，急诊创伤中心主任。

发表论文超过100篇，包括 LANCET（IF 44.002），BMJ Global Health（ESI 前 1% 高被引论文）等国际知名期刊。

获省部级及以上的科技进步奖14项，包括国家科技进步奖二等奖、上海市科技进步奖一等奖、中华医学科技奖卫生管理奖、华夏医学科技奖卫生管理奖、中国中西医结合科技奖科普奖、中国产学研合作创新奖等。

获中宣部"全国最美志愿者"、中国科协"十大科学传播人物"、首届"国家名医"、中央网信办"网络正能量榜样"等荣誉称号。

序

习近平总书记指出:"科技创新、科学普及是实现创新发展的两翼,要把科学普及放在与科技创新同等重要的位置。没有全民科学素质普遍提高,就难以建立起宏大的高素质创新大军,难以实现科技成果快速转化。"科普事业的发展既是当前的现实需要,也是实现中华民族伟大复兴的战略考量。科普期刊作为我国科普事业的重要组成部分,不仅承载向公众普及科学知识和方法的重任,还肩负传播科学思想和精神、弘扬科学道德的使命。

科普期刊具有推动科学文化的繁荣和发展的作用,公众通过阅读科普期刊获取科学相关信息,把从中获得对科学的认知内化为日常行为,进而在更广泛的意义上促进科学文化的建设。科普期刊能有效地促进科研成果的传播与转化。公众通过阅读科普期刊获取最新的科研进展,通过通俗性与科学性的完美结合,科普期刊衔接起了科技创新与科学普及这"两翼",对国民科学素养提升具有重要意义。同时,科普期刊也有助于未来科技人才的培养和储备,引导少年儿童立志于从事与科学相关的工作,启发科学技术的跨学科应用,对于自主创新型国家的建设意义非凡。

科普期刊是科学规范化传播的重要阵地。随着新媒体和各种社交媒体的发展,科普期刊也面临着一系列挑战,公众获取信息的渠道愈发多元,曾经作为重要甚至是主要渠道的科普期刊如今如何发展才能结合智能化传播技术，从而实现科普传播社会化协同的目标，是一个亟须解决的重要问题。而与此同时，近期全国已有多地先后将科普工作纳入职称评定和绩效考核，不少地方更是将在正规科普期刊上发表科普文章纳入职称晋升和评定的重要参考标准。在此背景下，公众和广大科技科普工作者对科普期刊空前关注。

长期以来，我国对于全面系统研究中国科普期刊发展现状的相关书籍较少。为进一步推动我国科普期刊发展，增强科普期刊的科技引领作用，上海市同济医院大健康工程管理研究所联合全国的传播、出版、科技等各领域的专家共同编撰了《2022版中国科普期刊概览与目录》，全面系统地描述截至2022年12月我国科普类型期刊的发展历史、期刊功能、分类、覆盖面、受众人群、出版地区分布等特征及融媒体转型发展趋势分析，还调查统计了这些科普期刊的主办单位、主管单位、创办年限、发刊频率、近5年期刊获奖情况等信息。

该书的出版将有力引导我国科技工作者、科普期刊主办者和科普内容创作者响应时代之变、人民之需，更好地提升科普期刊的质量和影响力，促进新时代科普生态的构建，在提升全民科学素质、增强国家自主创新能力等方面发挥更重要的作用。

国家科技信息资源综合利用与
公共服务中心医学知识中心
2023年1月

前 言

党的二十大报告指出，要"提高全社会文明程度，加强国家科普能力建设"。2022年，中共中央办公厅、国务院办公厅印发了《关于新时代进一步加强科学技术普及工作的意见》，强化全社会科普责任，完善科普基础设施布局，加强科普作品创作，提升科普活动效益，壮大科普人才队伍，推动科普产业发展，加强科普交流合作。提升全民科学素养，科普工作者责无旁贷。

科普期刊是科普工作的主力军。科普期刊是面向大众传播科技知识的载体，肩负着传播科学信息、提升大众科学素养及为科技发展营造良好社会环境的职责。在此背景下，广大科技和科普工作者对科普期刊空前关注，本书的主要内容围绕国内现有科普期刊，为读者提供科普创作与研究的参考资料。

王 韬

2023年1月

目 录

第一章　中国科普期刊概述 …………………………………… 1
　　第一节　科普期刊的范围 …………………………………… 1
　　第二节　科普期刊的分类 …………………………………… 3
　　第三节　科普期刊的特点 …………………………………… 4
　　第四节　科普期刊的功能 …………………………………… 6

第二章　中国科普期刊现状 …………………………………… 8
　　第一节　科普期刊分布情况 ………………………………… 8
　　第二节　科普期刊发展情况 ………………………………… 17

第三章　中国科普期刊索引目录 ……………………………… 20

附录一　典型科普期刊案例介绍 ……………………………… 106
附录二　《首届中国医院科普声誉调研报告》……………… 110
后记 ……………………………………………………………… 115

第一章
中国科普期刊概述

第一节 科普期刊的范围

一、科普期刊的定义

2002年颁布的《中华人民共和国科学技术普及法》中对科普释义为：科学技术普及（以下简称科普）是普及科学技术知识、倡导科学方法、传播科学思想、弘扬科学精神的活动。科普期刊是指发表通俗易懂的科学技术知识图文，对公众进行科学技术知识方法宣传，定期出版的刊物。故科普期刊就是进行科普活动的一种媒介。

期刊是指经国家新闻出版署批准，持有全国统一的连续出版物号，并取得出版许可证定期出版的刊物。国内统一刊号，即"CN号"，是新闻出版行政部门分配给连续出版物的代码。国际标准连续出版物号，即"ISSN号"，是为各种内容类型和载体类型的连续出版物（例如报纸、期刊、年鉴等）所分配的具有唯一识别性的代码。我国大多数期刊都配有CN和ISSN双号。我国出版的正规期刊均能在国家新闻出版署网站上查询。

根据《中国图书馆图书分类法·期刊分类表》将期刊分为马克思主

义、列宁主义、毛泽东思想、邓小平理论；哲学；社会科学；自然科学；综合等五个基本部类。《中国期刊年鉴（2016）》将我国期刊按照内容划分为综合、哲学社会科学、自然科学技术、文化教育和文学艺术等五大类。尚未有专门科普期刊的分类归属。现有的科普期刊涉及内容分布于哲学、自然科学、文化教育等各个大类中且相互交叉。

二、科技期刊、学术期刊与科普期刊

科技期刊是一种发表自然科学及技术的杂志。按期刊内容可分为：综合性期刊、学术性期刊、技术性期刊、检索性期刊、科普性期刊。

学术期刊是一种经过同行评审的期刊，发表在学术期刊上的文章通常涉及特定的学科。学术期刊展示了研究领域的成果，其内容主要以原创研究、综述文章、分析评论等形式的文章为主。

科普期刊一般是以浅显易懂的文章和图片，解释科学常识和科学原理、科学新发现、实用科技、生活知识等的期刊，读者对象一般是普通大众。

三、本书收录科普期刊的要点

1. 根据期刊的办刊宗旨、理念和读者人群。很多期刊在办刊宗旨中均有明确表述是发表科普文章还是学术论文，面对的读者人群是专业技术人员还是普通大众。如《中国花卉园艺》办刊理念是"纪实、创新、科普、文化、文明"。《农村百事通》将杂志定位为"始终坚持为'三农'服务的农业科普杂志"。《肝博士》在介绍中说"是面向普通读者和基层医生的肝脏类教育杂志，是全国公开发行的唯一专业肝病科普杂志"。办刊宗旨作为我们判定是否为科普期刊的标准之一。

2. 根据期刊所发表的文章内容和性质进行判断。如果文章内容主要以研究论文、综述、书评等为主，则不属于科普期刊。即发表专业学术论文的期刊不属于科普期刊。有些期刊既发表学术论文也同时有专栏发表科普文章，那我们也将其纳入科普期刊，如《中国保健营养》杂志既有"临床研究、论著"等学术栏目，也有"营养人生、健康管理"等科普栏目，故也纳入科普期刊。

3. 根据获奖情况。在能查证的各种国家级评选中，被明确作为"科普期刊"获奖的。如2013年中国科协科普部组织了"公众喜爱的优秀科普作品"活动，评选30种期刊入选"优秀科普期刊目录"。2020年中国科普作家协会公布了《中国优秀科普期刊目录（2020年）》，有50种期刊入选。这些获奖期刊均归为科普期刊。

第二节　科普期刊的分类

一、按学科分

科普期刊可分为综合类和专科类。前者选题涉及科学技术、文化政策、生活常识等各领域。后者选题则精准聚焦于某一个学科或领域，按《期刊分类表》划分在社会科学、政治、军事、经济、文化、科学、教育、体育、语言、文字、文学、艺术、历史、地理等等中的某一个学科。

二、按受众对象分

面对普通大众读者的科普期刊多属于上述的综合科普期刊。例如，《科学世界》《知识就是力量》《科学画报》《科幻世界画刊》《大众医学》《妈妈宝宝》等都是典型的综合类科普期刊。

针对专业人士的科普期刊也就相当于专业科普期刊。《兵器知识》《现代物理知识》《心理与健康》《中国国家天文》《科学养鱼》等从刊名上就能想见它们属于针对某一专业学科需求人群。

三、按主办主管部门分

国家尚未有明确统一级别划分。笔者在收录过程中，结合科技工作者需求，加以了区分。

"国家级期刊"：是指由中共中央、国务院及其所属部门主办，或由中国科学院、中国社会科学院、民主党派和全国性人民团体主办，以及国家一级专业学会主办的期刊。此外，部分期刊也明确标注了"国家级期刊"字样。

"省级期刊"：是由各省、自治区、直辖市的各部门，或省级社会团体和事业单位，或高等院校主办，在省新闻出版部门登记注册，在国内外公开发行的期刊。

第三节　科普期刊的特点

科普期刊是传播科学技术知识的中坚力量，也是科普教育活动中不可缺少的媒介。科普教育不同于学校教育，也不同于职业教育，其主要面向社会大众，体现为科学性、知识性、实用性和通俗性等特点。科普期刊多采取公众易于理解、接受的图文方式呈现。

一、科学性

科普期刊承载科学技术信息，作为科学技术知识宣传阵地首先是要尊重科学的真实性，一切失去科学性的宣传皆失去了真实性，其宣传的生命便不复存在。科普是把科技工作者取得的成熟的科研成果真实、全面、客观地介绍给广大民众，让他们去理解、接受、掌握，科普期刊其主要任务是传播专业权威正确的科技信息。在传播科学理念、科学知识、科学原理、科学技术时必须准确，必须尊重客观。科普期刊的营养和精髓主要来自科研的成果，准确传播有定论的科研成果是科普期刊的生命之源。部分最新研究成果，由于尚未得到时间的验证和学术界的公认，一般不适合作为"有定论的科研成果"加以传播。袁隆平院士曾任《农村百事通》科学技术顾问，《家庭医药》的专家团、编委会有钟南山、庄辉、陈可冀、张礼和、陆道培、郎景和、郭应禄、邱贵兴等8位院士。专家专业团队是科普期刊科学性的保障。《知识就是力量》《十万个为什么》《大众医学》等办刊几十年就是因保持严谨的科学性，而获得大批读者、经久不衰。科学性是科普期刊的根本，也是科普期刊的社会责任。

二、实用性

科普期刊重要的品质是尊重读者，与读者共情。编辑科普期刊的时候，不仅要研究科学知识，也要研究期刊的读者对象。需要尊重和了解期刊面向的读者人群的知识结构、知识层级，他们各自需要的科学技能点，要读者愿意读、能读懂、学得会，能用得上、有成效。这就是科普期刊的实用性。如《农村百事通》《农家参谋》等针对农村普遍性的问题和农友们的实际需要，宣传推广各级政府、农业部门的政策指导思想，讲解农业技术，产生经济效益、社会效益或生态效益。

三、趣味性

科普期刊是将成熟的科学技术知识，已被验证为真的科学内容，通过文字及图片的方式传播给广大民众。为了让读者产生阅读的兴趣，期刊需要选题恰当，内容深浅适度，语言通俗易懂，图文并茂。首先期刊内容要有趣，抓住读者的心。再是期刊文章形式有趣，抓住读者的眼。寓教于乐，可以大幅度提升科学知识在普通公众中的到达率和转化率。

四、时效性

现代科技知识信息更迭较快，需要不断更新认知，科普期刊出刊内容、频率要能跟上相关学科信息的变化。另外，任何的科普宣传教育都有特定的场景，针对公众普遍关心的问题，及时回应公众的关切，效果就会事半功倍。科普期刊的内容应该根据广大读者的需求，适时更新，"马后炮"的文章是不能吸引读者的。

第四节　科普期刊的功能

科学普及程度体现着一个国家一个民族的科学技术水平，是科学技术进入人类生活、成为全人类共同财富的重要环节。科技创新、科学普及是实现创新发展的两翼，要把科学普及放在与科技创新同等重要的位置。科学普及不到位，科技创新难推进。科普期刊对于提升全民科学文化素养，推进我国的精神文明建设有着重要的功能与意义。

一、对科技工作者的价值

在科普期刊发表科普文章可以提升科技工作者的科研转化能力和科普写作能力。科普面向科学背景比较少的读者，要求科技工作者要从非专业的视角出发，去思考如何把一个复杂的理论用浅显的文字表达解释清楚。科普宣传工作者要树立好的科学态度，不断学习掌握科技新知识，提高科普宣传的能力。作为科学技术的传播者，在对科技知识的宣传普及教育的同时，也加强自身对科技知识的学习，不断更新知识，使科普人员能适应新形势、新任务的要求，逐步成为富有创新能力，熟悉科普工作特点和规律的新型科普专业人才。

在科普期刊上发表科普文章也是科技工作者自身价值的体现和职业发展的需要。如2022年，上海率先将科普纳入卫生专业技术人员高级职称评价，在省部级及以上科普期刊上公开发表科普文章成为职称晋升的工作实绩要求之一。

在科普期刊上发表科普文章，有助于提升科技和科普工作人员的社会责任感、使命感与荣誉感。科普宣传者只有不断提高自身综合素质，树立强烈的政治责任和社会责任感、才能把科技宣传的精品贡献于民众。

二、对管理部门的价值

在科学知识更新加速、科普表达形式多样的时代，科普期刊市场变化呼吁新的期刊评价体系。科普作品和内容质量良莠不齐，很多科普文章相似度高，千文一面，缺乏新意和深度，跟不上科学知识的更新，需要管理部门从期刊编辑队伍的专业化、科普作品的时代化与作者队伍的年轻化来督促改变以往因循守旧的局面，实现科普期刊的可持续发展。

另外管理部门应成为科普宣传的研究者，建设科普期刊评价体系，形成科普期刊管理体系，以此来保持科普期刊的科学性与时代性，使其真正成为传播科学知识的有效载体。

三、对政策制定部门的价值

《关于新时代进一步加强科学技术普及工作的意见》（以下简称《意见》）的发布对于推动我国科普工作具有重要意义。《意见》指出科学普及与科技创新同频共振，要求"科普服务创新发展的作用显著提升"，这也是我们实现中国梦的群众科学素养基石。

科普期刊是科普工作的中坚力量，对于政策制定部门要引导全社会形成理解和支持科普，推动科普高质量发展。以政策为导向引导科普期刊蓬勃发展，发挥科普工作者的积极性、主动性和热情。

第二章
中国科普期刊现状

在我国，有据可查创刊最早的科普期刊是自然科学编译家杜亚泉先生在1900年创办的《亚泉杂志》。而《科学画报》是我国办刊时间最长的科普期刊，自1933年创刊至今。据1986年统计报告显示，全国性和省级的科普期刊仅76种。2020年国家新闻出版署统计全国共出版期刊10 192种。《中国科学传播报告（2021）》数据显示，2020年发行科普期刊259种。本书对国家新闻出版署批准的期刊进行评估后收录了306种科普期刊。

第一节　科普期刊分布情况

一、科普期刊学科分布情况

用《期刊分类表》将科普期刊以学科内容为综合类科普期刊和专业类科普期刊。在306种科普期刊里，综合类科普期刊有10种，占总数的3.27%；专业类科普期刊有296种，占总数的96.73%。按照中图分类法，我国科普期刊涵盖社会科学总论（C），政治、法律（D），军事（E），经济（F），文化、科学、教育、体育（G），语言、文字（H），艺术（J），历史、地理（K），自然科学总论（N），数理科学和化学（O），天文学、地球科学（P），生物科学（Q），医药、卫生（R），农业科学（S），工业技术（T），交通运输（U），航空、航天（V），环境科学、安全科学（X）及综合（Z）领域等19个学科领域。其中医药、卫生70种，占总数的22.88%；自然科学总论51种，占总数的16.67%；工业技术42种，占总数的13.73%；农业科学28种，占总数的9.15%；文化、科学、教育、体育24种，占总数的7.84%（表2-1）。医药、卫生，自然科学总论，工业技术三大类别的科普期刊占我国科普期刊总数的53.27%（图2-1）。

表2-1 科普期刊学科分布统计（按中图法排序）

分类编号	学 科	期刊数/种	占比/%
C	社会科学总论	4	1.31
D	政治、法律	5	1.63
E	军事	1	0.33
F	经济	8	2.61
G	文化、科学、教育、体育	24	7.84
H	语言、文字	2	0.65
J	艺术	3	0.98
K	历史、地理	7	2.29
N	自然科学总论	51	16.67
O	数理科学和化学	4	1.31
P	天文学、地球科学	10	3.27
Q	生物科学	5	1.63
R	医药、卫生	70	22.88
S	农业科学	28	9.15

（续表）

分类编号	学 科	期刊数/种	占比/%
T	工业技术	42	13.73
U	交通运输	17	5.56
V	航空、航天	7	2.29
X	环境科学、安全科学	8	2.61
Z	综合	10	3.27
	总计	306	100.00

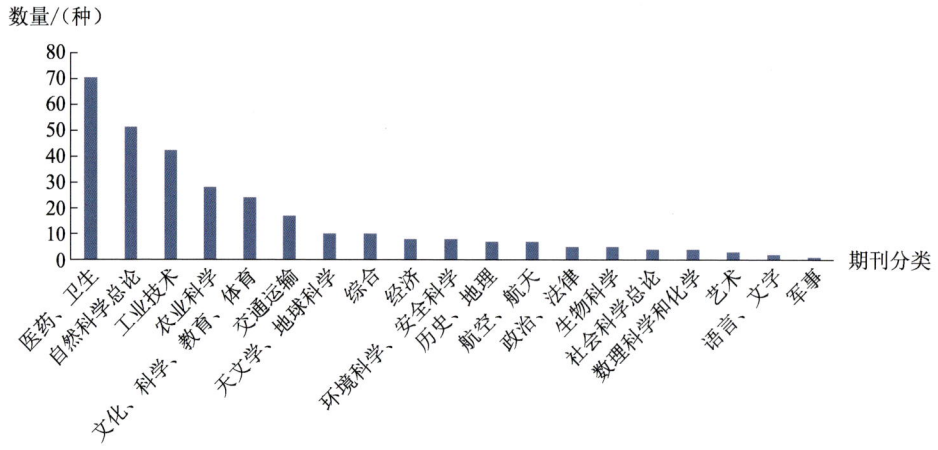

图 2-1 科普期刊学科分布情况

由此可见科普期刊科学分布贴近公众需求。公众对与自身利益关系最贴近的医疗健康等方面的科普内容有着较高的需求。医疗健康是公众在民生问题中最最关切的，也是科普内容需求位居榜首的。

二、科普期刊受众对象分布

按阅读人群将科普期刊划分为面向普通公众的科普期刊和面向科技工

作者的科普期刊。面向普通公众的科普期刊有 274 种，其中包括 25 种少儿公众科普期刊和 249 种成人公众科普期刊；面向专业人士的 32 种科普期刊又分为高级科普期刊和技术普及期刊，数量分别为 10 种和 22 种（表 2-2，图 2-2）。

表 2-2　科普期刊受众对象分布情况

受众人群	期刊数量/种	期刊受众类型	期刊数量/种
普通公众	274	少儿	25
		成人	249
专业人士	32	高级科普	10
		技术普及	22

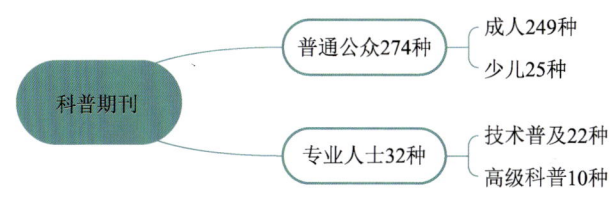

图 2-2　科普期刊读者人群的分布情况

三、科普期刊出版地归属分布

从期刊出版归属地域来看，科普期刊分布较为分散且不均衡。期刊出版分布于内地 29 个省（自治区、直辖市）。在 306 种科普期刊里，北京出版的期刊有 138 种，占总数的 45.10%，上海出版的期刊有 30 种，占总数的 9.8%，剩余的 45.10% 分布于 27 个省（自治区、直辖市）。北京、上海、重庆、天津四个直辖市以及湖南、河北、江苏、广东等省，科普期刊分布较多；福建、甘肃、内蒙古、宁夏等省和自治区，科普期刊分布较少；青海和西藏没有分布（表2-3，图2-3）。本书未将香港和澳门2个特别行政区纳入统计范围。

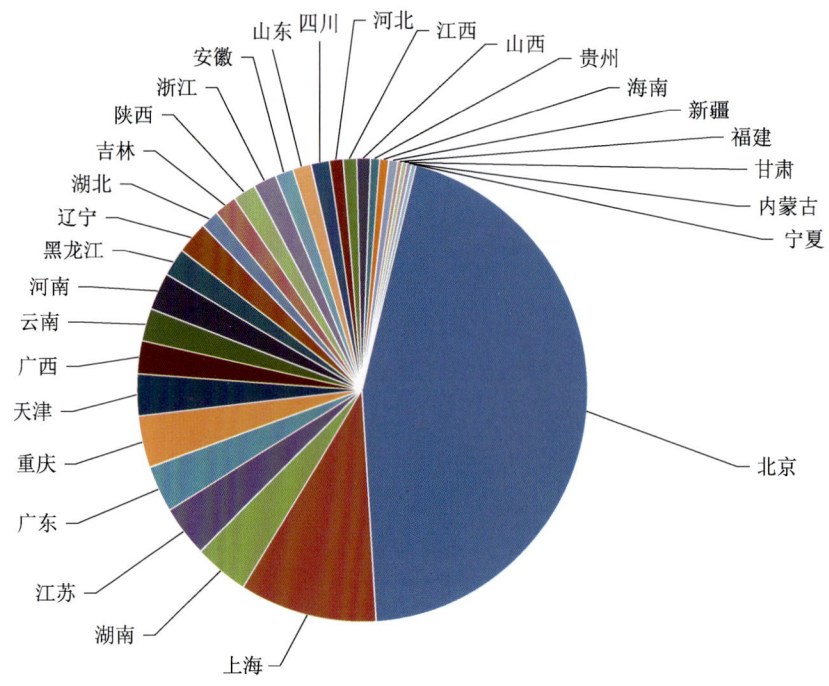

图2-3 科普期刊出版地分布情况

表2-3 科普期刊出版地分布情况

出版地	数量/种	占比/%
北京	138	45.10
上海	30	9.80
湖南	12	3.92
江苏	11	3.59
广东	10	3.27
重庆	11	3.59

(续表)

出版地	数量/种	占比/%
天津	9	2.95
广西	7	2.29
云南	7	2.29
河南	8	2.61
黑龙江	6	1.96
辽宁	7	2.29
湖北	4	1.31
吉林	5	1.63
陕西	5	1.63
浙江	5	1.63
安徽	4	1.31
山东	4	1.31
四川	4	1.31
河北	3	0.98
江西	3	0.98
山西	3	0.98
贵州	2	0.65
海南	2	0.65
新疆	2	0.65
福建	1	0.33
甘肃	1	0.33

(续表)

出版地	数量/种	占比/%
内蒙古	1	0.33
宁夏	1	0.33
合计	306	100.00

据调查四大直辖市及各省的省会城市政治科技经济发达、文化聚集、科普文化传播力强，是科普期刊主要出版地。

四、科普期刊出版周期情况

随着科技知识更新加快，与学术期刊相比，科普期刊出版频率较快也是一大特点。在出版周期方面，科普期刊以月刊为主，共有 199 种，占总数的 65.03%；其次较多的是半月刊，共 49 种，占 16.01%；双月刊 40 种，占 13.07%；另外有旬刊 10 种、季刊 7 种、周刊 1 种，暂无年刊和半年刊（表 2-4，图 2-4）。

表 2-4 科普期刊出版周期分布情况

出版周期	数量/种	占比/%
周刊	1	0.33
旬刊	10	3.27
半月刊	49	16.01
月刊	199	65.03
双月刊	40	13.07
季刊	7	2.29
合计	306	100.00

第二章　中国科普期刊现状

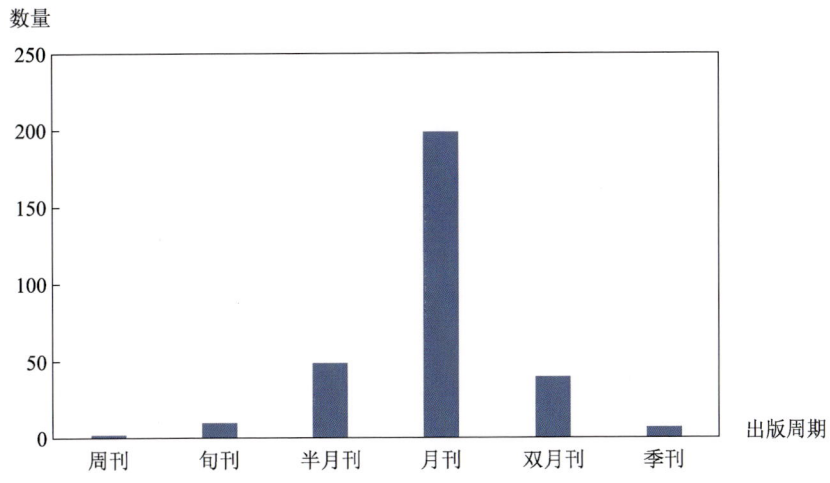

图 2-4　科普期刊出版周期分布情况

五、科普期刊主管单位分布情况

目前，我国科普期刊的主管单位有：地方政府机构、中国科协及地方科协、国家部委、出版机构、高校及科研院所、企业、全国性社会团体以及解放军系统单位（表 2-5，图 2-5）。

表 2-5　科普期刊主管单位分布情况

主管单位	期刊数量/种	占比/%
地方政府机构	63	20.46
全国性社会团体	54	17.82
出版机构	53	17.49
国家部委	41	13.2
中国科协	30	9.57
高校及科研院所	25	8.25
企业	23	7.59

（续表）

主管单位	期刊数量/种	占比/%
地方科协	15	4.95
解放军系统单位	2	0.66
合计	306	100.00

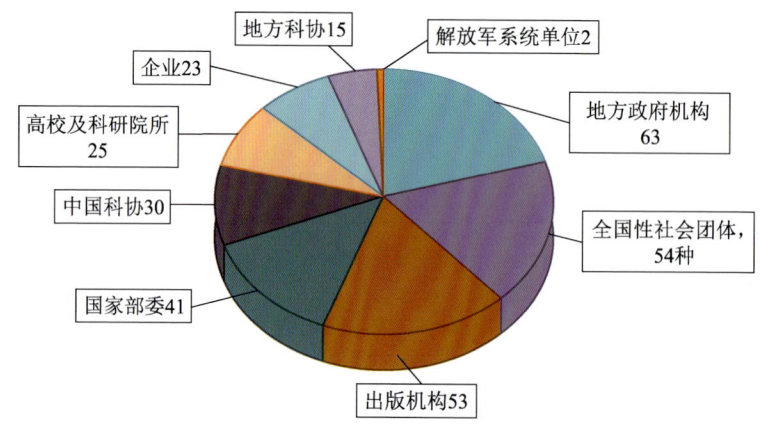

图2-5　科普期刊主管单位分布情况

六、科普期刊主办单位分布情况

我国科普期刊大多由1个单位主办，部分期刊有2个或2个以上的主办单位。据统计，306种科普期刊单一主办单位的期刊共259种，其余47种为合办期刊。

统计数据显示，科普期刊的主办单位主要有报刊图书出版单位、高校及研究院所、全国学会及地方学会、党和政府相关部门或机构、中国科协，以及地方科协、企业、医院等。主办科普期刊数量较多的包括报刊图书出版单位、研究院所、全国学会及地方学会，这三类单位主办科普期刊达206种，占总数的67.32%（表2-6，图2-6）。

第二章　中国科普期刊现状

表2-6　科普期刊主办单位分布情况

主办单位	科普期刊数量/种	占比/%
报刊图书出版单位	124	40.52
全国学会及地方学会	46	15.03
研究院所	36	11.77
其他	100	32.68
合计	306	100.00

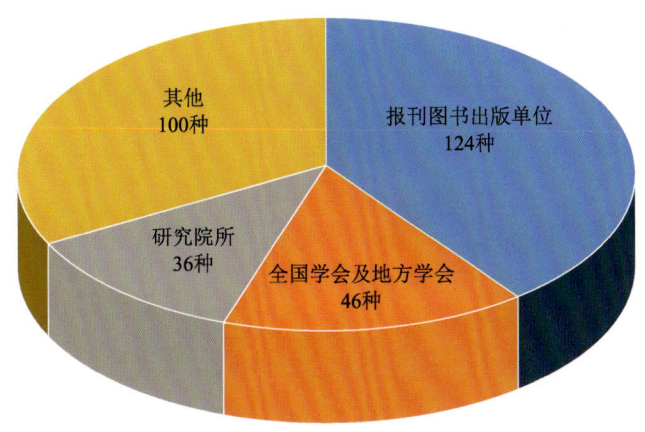

图2-6　科普期刊主办单位分布情况

第二节　科普期刊发展情况

一、科普期刊办刊模式转变

在自媒体爆发式发展的时代，传统媒体形式的期刊受到很多影响，读者喜欢以碎片式的阅读方式获取信息知识。科普期刊同样受到很多影响，纸质阅读量的下降，对科普期刊是一种冲击和挑战。随着互联网技术的高速发展，传统纸质媒体向全媒体实现转型升级，成为业界和学界的关注焦点。近年科普期刊为吸引读者也做出很多创新变化，开始期刊融媒体发展之路。

运用网络媒体形式，在"两微一抖一快"（微信公众号、微博、抖音、快手等）为核心的新媒体平台开设期刊账号，提供集平面媒体、网络媒体、论坛活动为一体的多维立体互动方式。开发数字化阅读方式，运用 AI 技术的优势，让科普期刊可以和读者互动。如《奥秘》《问天少年》等期刊引入 3D 技术，用三维阅读方式，增加杂志的知识性、可读性、趣味性、娱乐性。

在进入数字平台的新时代，我国科技和经济社会快速发展，信息技术高度发展，数字化、网络化、智能化的融媒体给科普期刊带来发展空间。

二、科普期刊特色化、品牌化发展

科普期刊固定受众人群，做好精细化和品牌发展是专业科普期刊的发展方向。

1. 期刊更名，精准科普内容

在收集科普期刊信息中，发现有不少科普期刊更名，更名后的期刊让人更显而易见杂志的办刊目的。如《医学食疗与健康》曾用名是《东方食疗与保健》，更名更突出健康医学科普科学性。《当代水产》的曾用刊名是《内陆水产》，更名更科学规范。

2. 精细化，分层阅读，精准科普受众

针对不同读者需求开设分层阅读模式，做好科普期刊精细化专业化。如《电脑爱好者》于 1993 年创刊时仅一本期刊，在 2006 年又分别开设普及版、校园版，针对不同人群专业能力及兴趣点，涉及不同层次科普内容，更专业精准受众人群。普及版和校园版的受众人群是学生和普通大众，在他们中间普及电脑技术知识，同时也可以为专业版储备读者。再如

《课堂内外》杂志于 1979 年创刊,在 1989 年《课堂内外》分设小学版、初中版、高中版三个独立刊号的版本。办刊宗旨有不同侧重,小学版是"启迪科学智慧"、初中版是"提高科学素养"、高中版是"思辨·分享用阅读打开世界"。从中可以看出各期刊虽都是服务于学生人群,但对于不同年龄段不同知识背景的读者科普内容还是有细化。

3. 品牌化发展

优秀的科普期刊,长期运作形成独特品牌。各类形式媒体文化融合发展,发展杂志周边,创造期刊品牌文化。如《哈哈画报》是以"哈哈"形象为核心的一系列文化产业中的一部分。其中,如期刊《哈哈画报》、哈哈网站、哈哈俱乐部、哈哈衍生产品(哈哈文具、服装及玩具等)等十几个系列。形成一个巨大的文化产业链,创造了特定读者群的品牌文化。

第三章
中国科普期刊索引目录

目前科普期刊没有统一固定分类，本书在2020年国家新闻出版署统计全国共出版10 192种期刊中，按照期刊内容、办刊宗旨及获奖情况等条件筛选收录306种科普期刊，汇编成科普期刊索引目录。为广大科技和科普工作者提供科普创作与研究的参考资料。本索引目录采用按期刊名称拼音字母排序编排。

第三章　中国科普期刊索引目录

中国科普期刊索引目录

序号	期刊名称	主管单位	主办单位	刊号 CN	刊号 ISSN	创刊时间	出版周期	出版地	期刊荣誉
1	爱上机器人	中国科学技术协会	中国通信学会 人民邮电出版社	10-1564/TP	2096-580X	2018年	双月刊	北京市	2020年入选中国优秀科普期刊目录（50种）（中国科普作家协会）
2	安全与健康	福建省应急管理厅	福建省安全生产科学研究院	35-1256/R	1671-4636	1986年	月刊	福建省福州市	待收录
3	奥秘	云南省科学技术协会	云南省科学技术协会	53-1068/N	1005-1376	1980年	月刊	云南省昆明市	待收录
4	百科探秘	天津出版传媒集团有限公司	新蕾出版社（天津）有限公司	12-1428/N	1003-7349	2012年	半月刊	天津市	2020年入选中国优秀科普期刊目录（50种）（中国科普作家协会）
5	百科知识	中国出版传媒股份有限公司	中国大百科全书出版社有限公司	11-1059/N	1002-9567	1979年	旬刊	北京市	2020年入选中国优秀科普期刊目录（50种）（中国科普作家协会）；2017年国家新闻出版广电总局"全国百强科技期刊"；新中国60年有影响力的期刊

(续表)

序号	期刊名称	主管单位	主办单位	刊号 CN	刊号 ISSN	创刊时间	出版周期	出版地	期刊荣誉
6	办公自动化	中国科学技术协会	中国仪器仪表学会	11-3749/TP	1007-001X	1995年	半月刊	北京市	待收录
7	保健医苑	国家卫生健康委员会	北京医院	11-4679/R	1671-3583	2002年	月刊	北京市	待收录
8	保健与生活	安徽出版集团有限责任公司	安徽科学技术出版社	34-1122/R	1005-5371	1993年	半月刊	安徽省合肥市	2020年入选中国优秀科普期刊目录(50种)(中国科普作家协会);2013年入选"优秀科普期刊目录(30种)"(中国科协科普部);中国期刊方阵"双效"期刊;全国十大品牌期刊
9	兵器知识	中国科学技术协会	中国兵工学会	11-1470/TJ	1000-4912	1979年	月刊	北京市	2020年入选中国优秀科普期刊目录(50种)(中国科普作家协会);2013年入选"优秀科普期刊目录(30种)"(中国科协科普部);中国科协双效期刊;国家新闻出版广电总局第9届向全国少年儿童推荐优秀期刊

· 22 ·

第三章　中国科普期刊索引目录

(续表)

序号	期刊名称	主管单位	主办单位	刊号 CN	刊号 ISSN	创刊时间	出版周期	出版地	期刊荣誉
10	博物	中国科学院	中国科学院地理科学与资源研究所	11-5176/P	1672-6669	2004年	月刊	北京市	2020年入选中国优秀科普期刊目录（50种）（中国科普作家协会）；2017年度向全国少年儿童推荐的百种优秀期刊
11	餐饮世界	中国商业联合会	世界中餐业联合会	11-4694/G0	1671-2447	2001年	月刊	北京市	待收录
12	茶博览	中国国际茶文化研究会	中国国际茶文化研究会、浙江国际茶人之家基金会	33-1321/G0	1004-9223	1993年	月刊	浙江省杭州市	待收录
13	车迷	上海世纪出版（集团）有限公司	上海科学技术出版社有限公司	31-1810/Z	1009-0231	2000年	月刊	上海市	待收录

·23·

(续表)

序号	期刊名称	主管单位	主办单位	刊号 CN	刊号 ISSN	创刊时间	出版周期	出版地	期刊荣誉
14	车主之友	中国机械工业联合会	北京卓众出版有限公司,北京科学技术期刊学会	11-4447/TH	1009-4911	2000年	月刊	北京市	待收录
15	晨刊	上海报业集团	上海报业集团	31-1993/N	1674-4535	2006年	双月刊	上海市	待收录
16	城市环境设计	北方联合出版传媒(集团)股份有限公司	辽宁科学技术出版社有限责任公司	21-1508/TU	1672-9080	2004年	双月刊	辽宁省沈阳市	待收录
17	城市与减灾	中国地震局	北京市地震局	11-4652/P	1671-0495	1998年	双月刊	北京市	待收录

第三章　中国科普期刊索引目录

(续表)

序号	期刊名称	主管单位	主办单位	刊号 CN	刊号 ISSN	创刊时间	出版周期	出版地	期刊荣誉
18	创新科技	河南省科学技术厅	河南省科学技术信息研究院	41-1319/N	1671-0037	2002年	月刊	河南省郑州市	待收录
19	大家健康	吉林省卫生健康委员会	吉林省医学期刊社	22-1109/R	1009-6019	1985年	月刊	吉林省长春市	待收录
20	大健康	天津出版传媒集团有限公司	天津科学技术出版社有限公司,天津市新华书店	12-1452/R	1674-9368	2001年	半月刊	天津市	待收录
21	大科技	海南省科学技术厅	海南省科技信息研究所	46-1030/N	1004-7344	1997年	月刊	海南省海口市	待收录

(续表)

序号	期刊名称	主管单位	主办单位	刊号 CN	刊号 ISSN	创刊时间	出版周期	出版地	期刊荣誉
22	大众健康	国家卫生健康委员会	健康报社有限公司	11-1023/R	1002-574X	1985年	月刊	北京市	中科双百期刊
23	大众考古	江苏凤凰出版传媒股份有限公司	江苏人民出版社有限公司	32-1839/K	2095-5685	2013年	月刊	江苏省南京市	待收录
24	大众科学	当代贵州期刊传媒集团有限责任公司	当代贵州期刊传媒集团有限责任公司	52-1049/N	1002-6908	1980年	月刊	贵州省贵阳市	2020年入选中国优秀科普期刊目录(50种)(中国科普作家协会);2018年中国最美期刊;全国优秀科技期刊奖;全国科普报刊先进集体奖;世界华人科普奖优秀期刊奖
25	大众汽车	吉林出版集团股份有限公司	吉林出版集团股份有限公司	22-1227/U	1006-9836	1994年	月刊	吉林省长春市	待收录

第三章 中国科普期刊索引目录

（续表）

序号	期刊名称	主管单位	主办单位	刊号 CN	刊号 ISSN	创刊时间	出版周期	出版地	期刊荣誉
26	大众商务	陕西三秦出版社有限责任公司	陕西三秦出版社有限责任公司	61-1379/F	1009-8283	2000年	半月刊	陕西省西安市	待收录
27	大众摄影	中国文学艺术界联合会	中国摄影出版传媒有限责任公司	11-1643/J	0494-4372	1958年	月刊	北京市	待收录
28	大众书法	中国共产党内蒙古自治区委员会宣传部	实践杂志社	15-1372/J	2096-0611	2015年	双月刊	内蒙古自治区呼和浩特市	待收录
29	大众数码	中国科学院	中国科技出版传媒股份有限公司	11-5471/TP	1673-906X	2007年	月刊	北京市	2000年被期刊协会评为"受读者欢迎的期刊"；2002年荣获国家新闻出版署第二届国家期刊奖"百种重点期刊"

(续表)

序号	期刊名称	主管单位	主办单位	刊　号 CN	刊　号 ISSN	创刊时间	出版周期	出版地	期刊荣誉
30	大众投资指南	天津出版传媒集团有限公司	天津人民出版社有限公司,天津大众投资指南杂志社有限公司	12－1217/F	1007－676X	1993年	半月刊	天津市	待收录
31	大众心理学	教育部	华东师范大学	31－1228/G3	1004－6100	1982年	月刊	上海市	待收录
32	大众医学	上海世纪出版(集团)有限公司	上海科学技术出版社有限公司	31－1369/R	1000－8470	1948年	月刊	上海市	2020年入选中国优秀科普期刊目录(50种)(中国科普作家协会);2013年入选"优秀科普期刊目录(30种)"(中国科协科普部);国家新闻出版署授予"中国期刊方阵双奖期刊"、国家期刊奖、科技期刊一等奖、全国优秀期刊卫生期刊奖、首届国家期刊奖等荣誉

（续表）

序号	期刊名称	主管单位	主办单位	刊号 CN	刊号 ISSN	创刊时间	出版周期	出版地	期刊荣誉
33	大众用电	教育部	湖南大学、湖南省电力行业协会	43-1123/TK	1008-9454	1985年	月刊	湖南省长沙市	湖南省一级期刊
34	大自然	中国科学技术协会	中国自然科学博物馆协会、北京自然博物馆、中国野生动物保护协会	11-1385/N	0255-7800	1980年	双月刊	北京市	待收录
35	大自然探索	新华文轩出版传媒股份有限公司	四川科学技术出版社有限公司	51-1141/N	1000-4041	1982年	月刊	四川省成都市	2013年入选"优秀科普期刊目录（30种）"（中国科协科普部）；百种重点期刊

(续表)

序号	期刊名称	主管单位	主办单位	刊号 CN	刊号 ISSN	创刊时间	出版周期	出版地	期刊荣誉
36	当代畜牧	北京首农食品集团有限公司	北京奶牛中心(事业单位)、北京畜牧兽医学会	11-2230/S	1002-2996	1983年	月刊	北京市	畜牧兽医类优秀期刊
37	当代海军	海军政治工作部	海政文化宣传中心	11-3605/E	1006-6071	1987年	月刊	北京市	社科双百期刊;全国百强社科期刊;第二届全国百种重点社科期刊;中国军事期刊的著名品牌
38	当代检察官	广东省人民检察院	广东省人民检察院	44-1561/D	1672-4259	1988年	月刊	广东省广州市	广东省优秀期刊
39	当代老年	中共湖北省委老干部局	当代老年杂志社	42-1297/D	1004-3322	1990年	月刊	湖北省武汉市	2001年荣获"湖北省第四届优秀期刊"和中国期刊方阵"双效"期刊称号

第三章 中国科普期刊索引目录

（续表）

序号	期刊名称	主管单位	主办单位	刊号 CN	刊号 ISSN	创刊时间	出版周期	出版地	期刊荣誉
40	当代水产	湖南省畜牧水产事务中心	湖南省水产学会，湖南省水产科学研究所	43-1505/S	1674-9049	1972年	月刊	湖南省长沙市	待收录
41	地球	国家自然资源部	中国地质学会科普委员会，中国地质博物馆	11-1467/P	1000-405X	1981年	双月刊	北京市	中国期刊方阵，双效期刊，中国科技核心期刊，地球物理类核心期刊
42	地图	国家自然资源部	中国地图出版社有限公司	11-4703/P	1000-8128	1986年	双月刊	北京市	2020年入选中国优秀科普期刊目录（50种）（中国科普作家协会）
43	第二课堂	湖南省科学技术协会	湖南省科学技术协会	43-1054/G4	1005-4103	1985年	月刊	湖南省长沙市	2020年入选中国优秀科普期刊目录（50种）（中国科普作家协会）；2013年入选"优秀科普期刊目录（30种）"（中国科协科普部）

(续表)

序号	期刊名称	主管单位	主办单位	刊号 CN	刊号 ISSN	创刊时间	出版周期	出版地	期刊荣誉
44	电脑爱好者	中国科学院	《电脑爱好者》杂志社,中国计算机出版服务公司	11-3248/TP	1005-0043	1993年	半月刊	北京市	中科双百期刊;第二届全国优秀科技期刊;第三届(2005)国家期刊奖获奖期刊
45	电脑爱好者（普及版）	中国科学院	《电脑爱好者》杂志社	11-5510/TP	1673-3931	2006年	半月刊	北京市	待收录
46	电脑爱好者（校园版）	中国科学院	《电脑爱好者》杂志社	11-5852/TP	1674-702x	2006年	半月刊	北京市	待收录
47	电脑编程技巧与维护	国家工业和信息化部	中国信息产业商会	11-3411/TP	1006-4052	1994年	月刊	北京市	待收录

第三章　中国科普期刊索引目录

（续表）

序号	期刊名称	主管单位	主办单位	刊号 CN	刊号 ISSN	创刊时间	出版周期	出版地	期刊荣誉
48	电脑迷	重庆科普文化产业（集团）有限公司	重庆电脑报出版有限责任公司	50-1163/TP	1672-528X	2003年	月刊	重庆市	待收录
49	电脑知识与技术	安徽出版集团有限责任公司	时代出版传媒股份有限公司,中国计算机函授学院	34-1205/TP	1009-3044	1994年	月刊	安徽省合肥市	待收录
50	东方养生	海南省文化广电出版体育厅	海南省高级体育运动技术学校	46-1022/R	1004-5058	1992年	月刊	海南省海口市	待收录
51	东方药膳	湖南中医药大学	湖南中医药大学	43-1461/R	1671-3591	1995年	月刊	湖南省长沙市	待收录

· 33 ·

（续表）

序号	期刊名称	主管单位	主办单位	刊号 CN	刊号 ISSN	创刊时间	出版周期	出版地	期刊荣誉
52	儿童与健康	教育部	西安交通大学	61-1258/R	1004-969X	1993年	月刊	陕西省西安市	待收录
53	发明与创新	湖南省科学技术厅	湖南省科学技术信息研究所	43-1401/N	1672-0954	1985年	月刊	湖南省长沙市	全国优秀期刊
54	发现	中国科学技术协会	中国未来研究会.北京国际交流协会	11-1585/N	1004-5023	1988年	月刊	北京市	待收录
55	反射疗法与康复医学	国家卫生健康委员会	中国足部反射区健康法研究会、中国康复医学会	10-1669/R4	2096-7950	2019年	半月刊	北京市	待收录
56	防灾博览	中国地震局	中国地震灾害防御中心	11-4651/P	1671-6310	2001年	双月刊	北京市	待收录

第三章 中国科普期刊索引目录

(续表)

序号	期刊名称	主管单位	主办单位	刊号 CN	刊号 ISSN	创刊时间	出版周期	出版地	期刊荣誉
57	飞碟探索	读者出版传媒股份有限公司	读者出版传媒股份有限公司	62-1011/V	1001-7674	1981年	双月刊	甘肃省兰州市	待收录
58	父母必读	北京出版集团有限责任公司	北京出版集团有限责任公司	11-1113/G4	1000-727X	1980年	月刊	北京市	2020年入选中国优秀科普期刊目录(50种)(中国科普作家协会);2013年入选"优秀科普期刊目录(30种)"(中国科协科普部);社科双奖期刊;新中国70年有影响力的期刊;首届国家期刊奖;2014中国最美期刊;第二届国家期刊奖;第三届国家期刊奖百种重点期刊
59	肝博士	重庆市健康卫生委员会	重庆医科大学附属第二医院	50-1171/R	1673-0550	2002年	双月刊	重庆市	待收录

(续表)

序号	期刊名称	主管单位	主办单位	刊号 CN	刊号 ISSN	创刊时间	出版周期	出版地	期刊荣誉
60	国际服装动态	上海纺织控股集团	上海纺织控股（集团）公司，文汇新民联合报业集团	31-1766/TS	1008-0317	1998年	月刊	上海市	待收录
61	哈哈画报	中国福利会	中国中福会出版社有限公司	31-1543/C	1005-7382	1985年	月刊	上海市	2020年入选中国优秀科普期刊目录(50种)（中国科普作家协会）
62	海陆空天惯性世界	中国科学技术协会	中国惯性技术学会	11-4491/O3	1009-5497	1987年	月刊	北京市	待收录
63	海洋世界	中国科学技术协会	中国海洋学会	11-1261/P	1001-5043	1975年	月刊	北京市	待收录

第三章　中国科普期刊索引目录

(续表)

序号	期刊名称	主管单位	主办单位	刊号 CN	刊号 ISSN	创刊时间	出版周期	出版地	期刊荣誉
64	海洋与渔业	广东省海洋与渔业厅	广东省海洋与渔业技术推广总站	44-1582/S	1672-4046	2000年	月刊	广东省广州市	待收录
65	航海	上海科学技术协会（学术部）	上海航海学会	31-1121/U	1000-0356	1979年	双月刊	上海市	待收录
66	航空档案	中国航空工业第一集团公司	航空工业第一档案馆	11-1782/G2	1673-3029	1977年	月刊	北京市	待收录
67	航空模型	中国科学技术协会	中国航空学会	11-1525/V	1000-6885	1982年	月刊	北京市	2020年入选中国优秀科普期刊目录（50种）（中国科普作家协会）

· 37 ·

(续表)

序号	期刊名称	主管单位	主办单位	刊号 CN	刊号 ISSN	创刊时间	出版周期	出版地	期刊荣誉
68	航空世界	中国航空工业集团有限公司	中航出版传媒有限责任公司	11-4397/V	1002-6592	1999年	月刊	北京市	2020-2021年中国人文大众数字阅读影响力期刊TOP50
69	航空知识	中国科学技术协会	中国航空学会	11-1526/V	1000-0119	1958年	月刊	北京市	2020年入选中国优秀科普期刊目录(50种)(中国科普作家协会);2013年入选"优秀科普期刊目录(30种)"(中国科协科普部);中科双奖期刊;中国科技期刊卓越行动计划入选项目
70	花卉	广东省农业科学院	广东省农业科学院环境园艺研究所	44-1196/S	1005-7897	1985年	半月刊	广东省广州市	待收录
71	花木盆景	长江出版传媒股份有限公司	湖北科学技术出版社有限公司	42-1014/S	1004-7212	1984年	半月刊	湖北省武汉市	待收录

（续表）

序号	期刊名称	主管单位	主办单位	刊号 CN	刊号 ISSN	创刊时间	出版周期	出版地	期刊荣誉
72	化石	中国科学院	中国科学院古脊椎动物与古人类研究所	11-1596/K	1000-3185	1973年	季刊	北京市	2020年入选中国优秀科普期刊目录（50种）（中国科普作家协会）
73	环境	广东省生态环境厅	广东省环境保护宣传教育中心	44-1167/X	0257-0300	1978年	月刊	广东省广州市	国家"双效"期刊 全国优秀科技期刊 广东省优秀科技期刊
74	环境与生活	中国科学技术协会	中国环境科学学会	11-5582/X	1673-9485	2007年	月刊	北京市	待收录
75	环球飞行	中国航空工业集团有限公司	中航出版传媒有限责任公司	11-4466/Z	1009-4679	2001年	月刊	北京市	待收录
76	环球科学	中国图书评论学会	中国图书评论学会	11-5480/N	1673-5153	2006年	月刊	北京市	2013年入选"优秀科普期刊目录（30种）"（中国科协科普部）

(续表)

序号	期刊名称	主管单位	主办单位	刊号 CN	刊号 ISSN	创刊时间	出版周期	出版地	期刊荣誉
77	环球美酒	当代贵州期刊传媒集团有限责任公司	当代贵州期刊传媒集团有限责任公司	52-1159/TS	2095-9001	2014年	双月刊	贵州省贵阳市	待收录
78	环球人文地理	教育部	西南大学、21世纪人才报社	50-1203/K	2095-0446	2008年	半月刊	重庆市	待收录
79	环球少年地理	青岛出版集团有限公司	青岛出版社有限公司	37-1483/K	2095-2846	2013年	月刊	山东省青岛市	2020年入选中国优秀科普期刊目录(50种)(中国科普作家协会)
80	环球探索	中国工信出版传媒集团有限责任公司	人民邮电出版社有限公司	10-1556/J	2096-5559	1994年	月刊	北京市	2020年入选中国优秀科普期刊目录(50种)(中国科普作家协会)

第三章 中国科普期刊索引目录

（续表）

序号	期刊名称	主管单位	主办单位	刊号 CN	刊号 ISSN	创刊时间	出版周期	出版地	期刊荣誉
81	环球中医药	国家卫生健康委员会	中华国际医学交流基金会	11-5652/R	1674-1749	2008年	月刊	北京市	待收录
82	婚育与健康	河南省卫生厅	医药卫生报社	41-1245/R	1006-9488	1993年	月刊	河南省郑州市	待收录
83	基层中医药	国家中医药管理局	中国中医科学院中药研究所	10-1800/R	2097-1222	1993年	月刊	北京市	待收录
84	家庭百事通	中文天地出版传媒集团股份有限公司	江西科学技术出版社有限责任公司	36-1219/G0	1008-7532	1999年	旬刊	江西省南昌市	中国期刊方阵双效期刊；华东优秀期刊

(续表)

序号	期刊名称	主管单位	主办单位	刊号 CN	刊号 ISSN	创刊时间	出版周期	出版地	期刊荣誉
85	家庭科技	广西壮族自治区科学技术厅	广西壮族自治区科技情报研究所	45-1191/TS	1005-7293	1992年	双月刊	广西壮族自治区南宁市	待收录
86	家庭生活指南	黑龙江省科学技术协会	黑龙江省科学技术协会	23-1039/C	1003-3335	1985年	月刊	黑龙江省哈尔滨市	待收录
87	家庭医生	中山大学	《中国家庭医生》杂志社有限公司	44-1121/R	1004-6348	1983年	半月刊	广东省广州市	2020年入选中国优秀科普期刊目录(50种)(中国科普作家协会);2013年入选"优秀科普期刊目录(30种)"(中国科协科普部);"中国出版政府奖";"新中国60年有影响力期刊";中国期刊方阵"双高"期刊;第一、第二届国家期刊奖;最受广告主广商青睐的生活服务文摘类期刊;第三届中国出版政府奖提名奖

第三章　中国科普期刊索引目录

(续表)

序号	期刊名称	主管单位	主办单位	刊号 CN	刊号 ISSN	创刊时间	出版周期	出版地	期刊荣誉
88	家庭医学	国家卫生健康委员会	中华预防医学会	41-1076/R	1001-0203	1988年	半月刊	河南省郑州市	首届全国优秀科技期刊;国家卫计委优秀期刊;全国优秀科技期刊最高奖项;中华预防医学会优秀科普奖
89	家庭医药	广西壮族自治区科学技术协会	广西壮族自治区科学技术协会	45-1301/R	1671-4954	2002年	半月刊	广西壮族自治区南宁市	2020年入选中国优秀科普期刊目录(50种)(中国科普作家协会);第八届广西优秀期刊;第六届广西十佳自然科学期刊2010-2011年广西期刊提名奖;第五届广西十佳科技期刊;
90	家庭用药	中国科学院	中国科学院上海药物研究所、上海市药理学会	31-1845/R	1009-6620	2001年	月刊	上海市	2020年入选中国优秀科普期刊目录(50种)(中国科普作家协会);2013年入选"优秀科普期刊目录(30种)"(中国科协科普部)

· 43 ·

(续表)

序号	期刊名称	主管单位	主办单位	刊号 CN	刊号 ISSN	创刊时间	出版周期	出版地	期刊荣誉
91	健康	北京市卫生健康委员会	北京市疾病预防控制中心	11-2185/R	1002-297X	1980年	月刊	北京市	中国北方优秀期刊
92	健康必读	湖南省卫生计划和计生委员会	湖南省卫生计划医疗管理服务指导中心	43-1386/R	1672-3783	1993年	月刊	湖南省长沙市	我国第一本面向全国医疗、工伤、生育保险参保人员的医学科普期刊
93	健康博览	浙江省爱国卫生运动委员会	浙江省健康教育所	33-1192/R	1006-415X	1992年	月刊	浙江省杭州市	获浙江省优秀期刊一等奖 首届浙江期刊方阵"潜力型"期刊
94	健康大视野	国家卫生健康委员会	中国保健协会	11-3252/R	1005-0019	1993年	半月刊	北京市	待收录

· 44 ·

(续表)

序号	期刊名称	主管单位	主办单位	刊号 CN	刊号 ISSN	创刊时间	出版周期	出版地	期刊荣誉
95	健康女性	湖南体育产业集团有限公司	体坛传媒集团股份有限公司	43-1490/R	1674-6074	2009年	月刊	湖南省长沙市	待收录
96	健康少年画报	北京市卫生健康委员会	北京市疾病预防控制中心	11-2186/R	1002-3089	1985年	月刊	北京市	连续三届获得中国优秀少儿报刊奖;入选新闻出版总署向全国少年儿童推荐的优秀少儿报刊名单。
97	健康生活	广西壮族自治区卫生健康委员会	广西壮族自治区健康教育所	45-1192/R	1005-6645	1993年	月刊	广西壮族自治区南宁市	待收录
98	健康世界	中国科学技术协会	中华医学会	11-3251/R	1005-4596	1993年	月刊	北京市	2013年入选"优秀科普期刊目录(30种)"(中国科协科普部);获全国优秀科普期刊二等奖,中国科协优秀期刊三等奖

(续表)

序号	期刊名称	主管单位	主办单位	刊号 CN	刊号 ISSN	创刊时间	出版周期	出版地	期刊荣誉
99	健康向导	山西省卫生健康委员会	山西医药卫生传媒集团有限责任公司	14-1211/R	1006-9038	1995年	双月刊	山西省太原市	待收录
100	健康养生	广州中大控股有限公司	《中国家庭医生》杂志社有限公司	44-1714/R	2095-8943	2019年	月刊	广东省广州市	待收录
101	健康与美容	国家卫生健康委员会	中国卫生信息与健康医疗大数据学会	11-3088/R	1007-3671	1992年	月刊	北京市	我国创刊最早的时尚科普类杂志
102	健康之家	南昌日报社	家庭医生报社	36-1272/R	1672-5751	2004年	月刊	北京市	待收录

(续表)

序号	期刊名称	主管单位	主办单位	刊号 CN	刊号 ISSN	创刊时间	出版周期	出版地	期刊荣誉
103	健康之友	国家体育总局	中国体育报业总社有限公司	11-1460/R	1002-8714	1990年	半月刊	北京市	待收录
104	健康指南	国家卫生健康委员会	中国老年保健医学研究会	11-1758/R	1002-7270	1988年	月刊	北京市	待收录
105	健身科学	中共黑龙江省委奋斗杂志社	中共黑龙江省委奋斗杂志社	23-1415/G8	1008-0295	1997年	月刊	黑龙江省哈尔滨市	待收录
106	健与美	国家体育总局	中国体育报业总社有限公司	11-1418/G8	1002-8803	1980年	月刊	北京市	待收录
107	舰船知识	中国船舶工业集团有限公司	中国造船工程学会，中国船舶工业综合技术经济研究院	11-1007/U	1000-7148	1979年	月刊	北京市	2020年入选中国优秀科普期刊目录（50种）（中国科普作家协会）；2013年入选"优秀科普期刊目录（30种）"（中国科协科普部）；第二届中国出版政府奖期刊奖

（续表）

序号	期刊名称	主管单位	主办单位	刊　号		创刊时间	出版周期	出版地	期刊荣誉
				CN	ISSN				
108	舰载武器	中国船舶重工集团有限公司	郑州机电工程研究所	41-1201/TJ	1671-3273	1993年	月刊	河南省郑州市	待收录
109	江苏卫生保健	江苏省爱国卫生运动委员会	江苏省疾病预防控制中心	32-1540/R	1008-7338	1999年	月刊	江苏省南京市	待收录
110	轿车情报	百联集团有限公司	上海百联汽车服务贸易有限公司、上海工业系统科技情报中心	31-1713/U	1007-1008	1993年	双月刊	上海市	待收录

(续表)

序号	期刊名称	主管单位	主办单位	刊号 CN	刊号 ISSN	创刊时间	出版周期	出版地	期刊荣誉
111	解放军健康	沈阳联勤保障中心	北部战区疾病预防控制中心	37-1171/R	1000-9701	1987年	双月刊	辽宁省沈阳市	国家"双效"期刊;1995年被国家卫生部评为"全国防疫系统卫生宣教作品一等奖";1992年被总后卫生部评为"优秀期刊";全国全军优秀卫生期刊;全国百家期刊阅览室赠刊;中国期刊方阵双效期刊;首届解放军出版奖获奖期刊;
112	今日健康	广东省中医药局	广东炎黄保健研究会	44-1543/R	1671-5160	2013年	月刊	广东省广州市	待收录
113	今日科技	浙江省科学技术厅	浙江省科技宣传教育中心	33-1073/N	1003-7438	1969年	月刊	浙江省杭州市	中科双效期刊;全国、华东地区优秀科技期刊;浙江省优秀科技期刊和十佳期刊

(续表)

序号	期刊名称	主管单位	主办单位	刊号 CN	刊号 ISSN	创刊时间	出版周期	出版地	期刊荣誉
114	今日科苑	中国科学技术协会	中国科协创新战略研究院,中国老科学技术工作者协会	11-4764/N	1671-4342	1997年	月刊	北京市	2009年老龄新闻报道三等奖(国家老龄委办公室颁发)
115	今日民族	云南省民族宗教事务委员会	云南省民族宗教事务委员会	53-1167/D	1009-9360	1980年	月刊	云南省昆明市	待收录
116	今日养猪业	北京市农林科学院	北京市农林科学院	11-5565/S	1673-8977	2004年	双月刊	北京市	待收录
117	军工文化	中国航空工业集团有限公司	中航出版传媒有限责任公司	11-5629/G0	1674-1714	2008年	月刊	北京市	待收录

(续表)

序号	期刊名称	主管单位	主办单位	刊号 CN	刊号 ISSN	创刊时间	出版周期	出版地	期刊荣誉
118	军事文摘	中国航天科工集团有限公司	中国航天科工防御技术研究院,北京航天情报与信息研究所	11-3348/V	1005-3921	1993年	半月刊	北京市	待收录
119	开卷有益-求医问药	天津市医药集团有限公司	天津市医药集团有限公司	12-1216/R	1007-2950	1981年	月刊	天津市	待收录
120	康复	上海教育报刊总社	上海教育报刊总社	31-1380/R	1005-832X	1986年	月刊	上海市	待收录
121	康颐	中南出版传媒集团股份有限公司	湖南潇湘晨报传媒经营有限公司	43-1520/R	2095-6525	2013年	月刊	湖南省长沙市	待收录

· 51 ·

(续表)

序号	期刊名称	主管单位	主办单位	刊号 CN	刊号 ISSN	创刊时间	出版周期	出版地	期刊荣誉
122	抗癌	上海市科学技术协会	上海抗癌协会	31-1664/R	1008-3065	1988年	季刊	上海市	待收录
123	抗癌之窗	国家卫生健康委员会	中国医学科学院	11-5458/R	1673-5757	2006年	双月刊	北京市	待收录
124	科海故事博览	云南省科学技术厅	云南奥秘画报社有限公司	53-1103/N	1007-0745	1993年	月刊	云南省昆明市	云南省一级期刊
125	科幻世界	四川省科学技术协会	四川省科学技术协会	51-1360/N	1003-7055	1979年	月刊	四川省成都市	2020年入选中国优秀科普期刊目录(50种)（中国科普作家协会）；2013年入选"优秀科普期刊目录(30种)"（中国科协科普部）；全国百种重点社科刊

· 52 ·

第三章 中国科普期刊索引目录

（续表）

序号	期刊名称	主管单位	主办单位	刊号 CN	刊号 ISSN	创刊时间	出版周期	出版地	期刊荣誉
126	科幻世界画刊	四川省科学技术协会	四川科幻世界杂志社有限公司	51-1488/N	1007-1512	1996年	月刊	四川省成都市	2020年入选中国优秀科普期刊目录（50种）（中国科普作家协会）
127	科技潮	北京市科学技术委员会	北京高技术创业服务中心	11-3166/G3	1004-8200	1989年	月刊	北京市	待收录
128	科技创新与品牌	中国科学技术协会	中国科技新闻学会	11-5588/G3	1673-940X	2007年	月刊	北京市	待收录
129	科技视界	上海市科学技术协会	上海市科普作家协会	31-2065/N	2095-2457	2011年	旬刊	上海市	待收录
130	科技新时代	中国机械工业联合会	北京卓众出版有限公司	11-3750/N	1006-981X	1996年	双月刊	北京市	待收录

(续表)

序号	期刊名称	主管单位	主办单位	刊号 CN	刊号 ISSN	创刊时间	出版周期	出版地	期刊荣誉
131	科普创作评论	中国科学技术协会	中国科普作家协会，中国科普研究所，中国科学技术出版社有限公司	10-1739/I	2097-0056	2017年	季刊	北京市	待收录
132	科普天地	江西省教育厅	江西教育传媒集团有限公司	36-1281/N	1673-5277	2005年	月刊	江西省南昌市	待收录
133	科普童话	黑龙江省教育厅	黑龙江省语言文字报刊社	23-1522/N	1673-9442	2013年	周刊	黑龙江省哈尔滨市	待收录
134	科学	上海世纪出版（集团）有限公司	上海科学技术出版社有限公司	31-1385/N	0368-6396	1915年	双月刊	上海市	1997年第二届全国优秀科技期刊评比三等奖;1996年第二届上海市优秀科技期刊评比一等奖;1992年上海市优秀自然科学技术期刊;中国期刊方阵"双效"期刊

(续表)

序号	期刊名称	主管单位	主办单位	刊号 CN	刊号 ISSN	创刊时间	出版周期	出版地	期刊荣誉
135	科学24小时	浙江省科学技术协会	浙江省科技馆,浙江教育报刊总社	33-1072/N	1002-7394	1980年	月刊	浙江省杭州市	2020年入选中国优秀科普期刊目录(50种)(中国科普作家协会);全国中小学图书馆配期刊;华东地区优秀期刊;浙江省"春苗计划"首批优秀少儿报刊
136	科学大观园	中国科学技术协会	中国科学技术出版社有限公司	11-1607/N	1003-1871	1981年	半月刊	北京市	待收录
137	科学大众	江苏省科学技术协会	江苏省科学传播中心(江苏省科协信息中心)	32-1427/N	1006-3315	1937年	月刊	江苏省南京市	2020年入选中国优秀科普期刊目录(50种)(中国科普作家协会);2013年入选"优秀科普期刊"(30种)"(中国科协科普部);国家新闻出版署向全国青少年儿童推荐的优秀少儿报刊;全国中小学生金钥匙科技竞赛指定读本;江苏省教育厅推荐青少年科技创新大赛指定读物;江苏省科技十强科技期刊;江苏省双十佳期刊;中国科技期刊卓越行动计划入选项目

(续表)

序号	期刊名称	主管单位	主办单位	刊号 CN	刊号 ISSN	创刊时间	出版周期	出版地	期刊荣誉
138	科学故事会	中国科学技术协会	中国科普作家协会、中国科普研究所	10-1591/N4	2096-6679	2019年	月刊	北京市	待收录
139	科学画报	上海科学技术协会	上海科学技术出版社	31-1093/N	1000-8292	1933年	月刊	上海市	2020年入选中国优秀科普期刊目录（50种）（中国科普作家协会）；2020年"中国精品期刊展"入选期刊；2019年"庆祝中华人民共和国成立70周年精品期刊展"入选期刊；2017年入选国家出版广电总局"百强报刊"2013年入选"优秀科普期刊目录（30种）"（中国科协科普部）；中国期刊方阵"双百"期刊
140	科学家	中国科学技术协会	中国科技新闻学会	10-1135/N	2095-6363	2013年	月刊	北京市	待收录

第三章　中国科普期刊索引目录

（续表）

序号	期刊名称	主管单位	主办单位	刊号 CN	刊号 ISSN	创刊时间	出版周期	出版地	期刊荣誉
141	科学教育与博物馆	上海市科学技术委员会	上海科技馆	31-2111/N	2096-0115	1979年	双月刊	上海市	第七届华东地区优秀期刊
142	科学启蒙	湖南师范大学	湖南师范大学出版社	43-1251/N	1007-3019	1996年	月刊	湖南省长沙市	2013年入选"优秀科普期刊目录（30种）"（中国科协科普部）；第三届国家期刊奖百种重点期刊；中国百强科技期刊；第二届中国出版政府奖（期刊奖·提名奖）；湖南省十佳期刊；新闻出版总署向全国少年儿童推荐的优秀少儿报刊
143	科学生活	上海国盛（集团）有限公司	上海科学普及出版社有限责任公司	31-1020/N	1006-3501	1980年	月刊	上海市	上海市重点科普期刊

(续表)

序号	期刊名称	主管单位	主办单位	刊号 CN	刊号 ISSN	创刊时间	出版周期	出版地	期刊荣誉
144	科学世界	中国科学院	中国科技出版传媒股份有限公司	11-2836/N	1003-1162	1999年	月刊	北京市	2020年入选中国优秀科普期刊目录（50种）（中国科普作家协会）；2013年入选"优秀科普期刊目录（30种）"（中国科协科普部）；中科双效期刊
145	科学新闻	中国科学院	中国科学报社	11-5553/C	1671-6582	1999年	双月刊	北京市	待收录
146	科学养生	黑龙江省卫生健康委员会	黑龙江省卫生健康发展研究中心	23-1414/R	1672-9714	1995年	半月刊	黑龙江省哈尔滨市	待收录

第三章 中国科普期刊索引目录

(续表)

序号	期刊名称	主管单位	主办单位	刊号 CN	刊号 ISSN	创刊时间	出版周期	出版地	期刊荣誉
147	科学养鱼	中国科学技术协会	中国水产学会、中国水产科学研究院淡水渔业研究中心、全国水产技术推广总站	32-1131/S	1004-843X	1985年	月刊	江苏省无锡市	全国优秀水产报刊;江苏省一级期刊;2002年,获第三届全国优秀农业期刊奖,第三届中国科协优秀科技期刊二等奖;2004年,获第四届全国优秀农业期刊科普类一等奖;2005年,荣获"第三届国家期刊奖百种重点期刊"奖;2006年,获全国农业期刊金犁奖科普类一等奖;第三届国家期刊百种重点期刊
148	科学之友	山西省科学技术协会	山西科技新闻出版传媒集团有限责任公司	14-1032/N	1000-8136	1980年	月刊	山西省太原市	2016年,期刊数字影响力百强期刊;2017年,山西省十强报刊;2018年,第二届山西省出版奖提名奖
149	科学中国人	中国科学技术协会	中国科技新闻学会	11-3292/G3	1005-3573	1993年	半月刊	北京市	待收录

（续表）

序号	期刊名称	主管单位	主办单位	刊号 CN	刊号 ISSN	创刊时间	出版周期	出版地	期刊荣誉
150	科学种养	金盾出版社	金盾出版社	11-5408/S	1673-3339	2006年	月刊	北京市	2010年起被确定为国家新闻出版署《农家书屋重点期刊》；2006年该刊编辑部被评为全国新闻出版行业服务社会主义新农村建设先进集体
151	课堂内外（初中版）	重庆市科学技术协会	重庆课堂内外杂志社出版有限公司,重庆市科普服务中心	50-1079/G4	1007-4880	1979年	月刊	重庆市	2020年入选中国优秀科普期刊目录（50种）（中国科普作家协会）；荣获过"中国优秀科技期刊奖""重庆市十佳期刊奖""中国期刊方阵系统优秀期刊奖""中国期刊方阵""双百""双效"期刊等荣誉称号。重庆出版政府奖；中国邮政发行畅销报刊

(续表)

序号	期刊名称	主管单位	主办单位	刊号 CN	刊号 ISSN	创刊时间	出版周期	出版地	期刊荣誉
152	课堂内外（高中版）	重庆市科学技术协会	重庆课堂内外杂志社出版有限公司,重庆市科明科普服务中心	50-1080/G4	1007-4899	1979年	月刊	重庆市	2020年入选中国优秀科普期刊目录（50种）（中国科普作家协会）；中科双百期刊；社科双效期刊
153	课堂内外（小学版）	四川省科学技术协会	四川省科普作家协会	51-1391/G4	1007-4902	2007年	月刊	重庆市	2020年入选中国优秀科普期刊目录（50种）（中国科普作家协会）；中科双百期刊；社科双效期刊
154	恐龙	中国科学院	中国科学院古脊椎动物与古人类研究所	11-2096/Q	1008-8596	1999年	季刊	北京市	待收录

(续表)

序号	期刊名称	主管单位	主办单位	刊号 CN	刊号 ISSN	创刊时间	出版周期	出版地	期刊荣誉
155	理财周刊	上海世纪出版(集团)有限公司	上海世纪出版股份有限公司	31-1849/F	1009-9832	2001年	月刊	上海市	待收录
156	绿化与生活	北京市园林绿化局	北京市园林绿化宣传中心、北京市花木有限公司	11-2278/S	1002-1973	1985年	月刊	北京市	待收录
157	绿色视野	安徽省生态环境厅	安徽省生态环境科学研究院	34-1283/X	1673-0267	2005年	月刊	安徽省合肥市	待收录

第三章 中国科普期刊索引目录

（续表）

序号	期刊名称	主管单位	主办单位	刊号 CN	刊号 ISSN	创刊时间	出版周期	出版地	期刊荣誉
158	绿色中国	国家林业和草原局	国家林业和草原局宣传中心	11-5228/S	11-5228/S	2004年	半月刊	北京市	中国第一本国家级综合绿色期刊，国家中文核心期刊，全国优秀社科期刊，获得进入全国人大、政协"两会"的唯一绿色期刊
159	妈妈宝宝	山东出版传媒股份有限公司	山东科学技术出版社有限公司	37-1397/R	1672-030X	2002年	月刊	山东省济南市	2020年入选中国优秀科普期刊目录（50种）（中国科普作家协会）
160	美食	江苏省苏豪控股集团有限公司	江苏苏豪传媒有限公司	32-1379/TS	1005-0345	1989年	月刊	江苏省南京市	待收录

· 63 ·

（续表）

序号	期刊名称	主管单位	主办单位	刊号 CN	刊号 ISSN	创刊时间	出版周期	出版地	期刊荣誉
161	名车志	上海世纪出版（集团）有限公司	上海译文出版社有限公司	31-1840/U	1009-6892	1995年	双月刊	上海市	待收录
162	名医	南方传媒出版股份有限公司	广东科技出版社有限公司	44-1666/R	1674-9561	2010年	半月刊	广东省广州市	待收录
163	模型世界	北京市体育局	北京体育博览文化出版有限公司、北京市体育科学研究所	11-3993/N	1008-8016	1999年	月刊	北京市	待收录

(续表)

序号	期刊名称	主管单位	主办单位	刊号 CN	刊号 ISSN	创刊时间	出版周期	出版地	期刊荣誉
164	摩托车	工业和信息化部	人民邮电出版社有限公司	11-1650/U	1002-6754	1985年	月刊	北京市	待收录
165	摩托车信息	中国汽车技术研究中心有限公司	中国汽车技术研究中心有限公司	50-1111/U	1007-2810	1987年	月刊	重庆市	待收录
166	母子健康	国家卫生健康委员会	中日友好医院	11-4821/R	1005-3859	1992年	月刊	北京市	待收录

(续表)

序号	期刊名称	主管单位	主办单位	刊号 CN	刊号 ISSN	创刊时间	出版周期	出版地	期刊荣誉
167	农村百事通	中文天地出版传媒集团股份有限公司	江西科学技术出版社有限责任公司	36-1070/S	1006-9119	1982年	半月刊	江西省南昌市	国家期刊奖"三连冠";中国出版政府奖·先进出版单位奖;全国百强科技期刊;国家第二批数字出版转型示范单位;新中国60年有影响力的期刊;期刊数字影响力100强;中国最美期刊;最受读者欢迎的50种期刊;中国最美期刊;中科双奖期刊;第二届全国优秀科技期刊;第三届(2005)国家期刊奖获奖期刊
168	农村科技	新疆农业科学院	新疆农业科学院	65-1046/S	1002-6193	1984年	双月刊	新疆维吾尔自治区乌鲁木齐市	待收录

· 66 ·

(续表)

序号	期刊名称	主管单位	主办单位	刊号 CN	刊号 ISSN	创刊时间	出版周期	出版地	期刊荣誉
169	农村科学实验	吉林省科学技术协会	吉林省科学技术协会	22-1146/S	2096-0743	1964年	月刊	吉林省长春市	全国优秀科技期刊;吉林省优秀科技期刊;中科双效期刊
170	农村实用技术	云南省科学技术厅	云南省科学技术情报研究院	53-1171/S	1673-310X	1998年	月刊	云南省昆明市	待收录
171	农村新技术	广西壮族自治区科学技术厅	广西壮族自治区科技情报研究所	45-1130/S	1002-3542	1983年	月刊	广西壮族自治区南宁市	2002年荣获"第三届全国优秀农业期刊一等奖";2003年荣获"第二届国家期刊奖百种科技期刊";2002年荣获"第四届广西'十佳'科技期刊奖"(排名第一);中国期刊方阵"双效"期刊;中国出版政府奖期刊奖;中国百强报刊;国家期刊奖百种重点期刊;全国农家书屋重点推荐期刊

(续表)

序号	期刊名称	主管单位	主办单位	刊号 CN	刊号 ISSN	创刊时间	出版周期	出版地	期刊荣誉
172	农家参谋	河南省科学技术协会	河南省科学技术协会	41-1229/N	1003-5494	1983年	半月刊	河南省郑州市	2020年入选中国优秀科普期刊目录（50种）（中国科普作家协会）；第三届（2005）国家期刊奖提名奖期刊；国家级优秀期刊；国家期刊奖百种重点期刊；中国期刊方阵双效期刊
173	农家科技	重庆出版社	重庆出版社	50-1068/S	1003-6989	1985年	月刊	重庆市	全国优秀科技期刊；农业科技工作者职称评定推荐期刊
174	农家书屋	国家新闻出版署	中国新闻出版传媒集团有限公司，中国光华科技基金会	11-5824/Z	1674-6279	2009年	月刊	北京市	待收录

第三章 中国科普期刊索引目录

(续表)

序号	期刊名称	主管单位	主办单位	刊号 CN	刊号 ISSN	创刊时间	出版周期	出版地	期刊荣誉
175	农家之友	广西壮族自治区农业农村厅	广西壮族自治区农业技术推广总站	45-1294/F	1671-8143	1989年	月刊	广西壮族自治区南宁市	待收录
176	农家致富	江苏省农业农村厅	江苏省农产品品牌发展中心	32-1699/S	1672-6456	1965年	半月刊	江苏省南京市	全国优秀农业期刊;中国期刊方阵"双效"期刊;江苏十强科技期刊;华东地区优秀期刊
177	农家致富顾问	湖南省科学技术厅	湖南省科学技术信息研究所	43-1056/S	1003-9902	1985年	月刊	湖南省长沙市	1996年被评为"湖南省第三届优秀科技期刊";2008年获湖南省第四届"十佳科技期刊";全国农家书屋重点推荐期刊;全国百家期刊阅览室入选期刊等

(续表)

序号	期刊名称	主管单位	主办单位	刊号 CN	刊号 ISSN	创刊时间	出版周期	出版地	期刊荣誉
178	农民文摘	农业农村部	中国农村杂志社	11-1411/F	1000-7741	1984年	月刊	北京市	中国百强报刊;全国农家书屋重点推荐期刊;第二届中国出版政府奖(期刊奖.提名奖);第三届国家期刊奖;中国期刊方阵双高期刊
179	农民致富之友	黑龙江省农业农村厅	黑龙江省农业农村厅经营类事业单位—中心	23-1009/F	1003-1650	1957年	旬刊	黑龙江省哈尔滨市	待收录
180	农业机械	中国机械工业联合会	北京卓众出版有限公司	11-1875/S	1000-9868	1958年	月刊	北京市	中国期刊方阵"双奖"期刊
181	农业科技通讯	农业农村部	中国农业科学院	11-2395/S	1000-6400	1972年	月刊	北京市	全国农业优秀期刊(五次获奖)

(续表)

序号	期刊名称	主管单位	主办单位	刊号 CN	刊号 ISSN	创刊时间	出版周期	出版地	期刊荣誉
182	农业知识	山东省农业农村厅	山东省农业技术推广中心	37-1005/S	0546-9597	1950年	半月刊	山东省济南市	2020年入选中国优秀科普期刊目录（50种）（中国科普作家协会）；国家期刊奖提名奖；华东地区最佳期刊；山东十佳期刊；中国期刊方阵"双百"期刊；中国优秀科普期刊目录入选期刊
183	普洱	普洱市人民政府	《普洱》杂志社	53-1201/G2	1673-7903	2006年	月刊	云南省昆明市	待收录
184	奇妙博物馆	天津出版传媒集团有限公司	新蕾出版社（天津）有限公司	12-1461/G2	2096-5850	2018年	月刊	天津市	待收录
185	奇趣百科	广西师范大学	广西师范大学出版社集团有限公司	45-1399/N	2095-6193	2003年	月刊	广西壮族自治区南宁市	2020年入选中国优秀科普期刊目录（50种）（中国科普作家协会）；"2017年度向全国少年儿童推荐百种优秀报刊"；广西优秀科技期刊

(续表)

序号	期刊名称	主管单位	主办单位	刊号 CN	刊号 ISSN	创刊时间	出版周期	出版地	期刊荣誉
186	气象知识	中国气象局	中国气象局气象宣传与科普中心、中国气象学会	11-1332/P	1000-0321	1981年	双月刊	北京市	2020年入选中国优秀科普期刊目录(50种)(中国科普作家协会);中国期刊方阵"双百"期刊
187	汽车导购	中国机械工业联合会	北京卓众出版有限公司,北京科学技术期刊学会	11-4837/TH	1671-900X	2010年	月刊	北京市	2013年入选"优秀科普期刊目录(30种)"(中国科协科普部)
188	汽车维护与修理	中国汽车维修行业协会	中国汽车维修行业协会、《汽车维护与修理》杂志社	32-1438/U	1006-6489	1988年	半月刊	江苏省南京市	待收录

第三章 中国科普期刊索引目录

（续表）

序号	期刊名称	主管单位	主办单位	刊 号 CN	刊 号 ISSN	创刊时间	出版周期	出版地	期刊荣誉
189	汽车维修	中国第一汽车集团有限公司	中国第一汽车集团有限公司	22-1218/U	1009-2625	1995年	季刊	吉林省长春市	待收录
190	汽车维修与保养	中国兵器工业集团有限公司	中国北方车辆研究所	11-3940/U	1008-3170	1995年	月刊	北京市	2008年荣获中国兵器工业集团公司优秀科技期刊二等奖
191	汽车与安全	公安部	中国安全防伪证件研制中心	11-3680/U	1006-6713	1995年	月刊	北京市	待收录
192	汽车与驾驶维修	中国机械工业联合会	北京卓众出版有限公司,北京科学技术期刊学会	11-2984/U	1004-2830	1992年	月刊	北京市	1997年荣获第二届全国优秀科技期刊评比一等奖;1999年获"首届国家期刊奖"2002年获;第二届国家期刊奖

(续表)

序号	期刊名称	主管单位	主办单位	刊号 CN	刊号 ISSN	创刊时间	出版周期	出版地	期刊荣誉
193	汽车与配件	百联集团有限公司	上海百联汽车服务贸易有限公司	31-1219/U	1006-0162	1981年	半月刊	上海市	待收录
194	汽车与运动	人民日报社	《中国汽车报》社有限公司	11-5325/U	1673-0798	2005年	月刊	北京市	待收录
195	汽车知识	中国科学技术协会	中国机械工程学会、中国汽车工业经济技术信息研究所	11-4722/TH	1671-3567	2001年	月刊	北京市	待收录

第三章　中国科普期刊索引目录

（续表）

序号	期刊名称	主管单位	主办单位	刊号 CN	刊号 ISSN	创刊时间	出版周期	出版地	期刊荣誉
196	汽车族	《中国汽车报》社有限公司	《中国汽车报》社有限公司	11-4420/TH	1009-2153	2000年	双月刊	北京市	待收录
197	青春期健康	国家卫生健康委员会	国家人口计生委人口文化发展中心、中国人口宣传教育中心	11-5125/R	1672-6502	2003年	半月刊	北京市	待收录
198	青少年科技博览	天津市教育委员会	天津师范大学	12-1243/N	1007-7200	1993年	月刊	天津市	中国期刊方阵"双百"期刊

· 75 ·

(续表)

序号	期刊名称	主管单位	主办单位	刊号		创刊时间	出版周期	出版地	期刊荣誉
				CN	ISSN				
199	青少年科苑	大连新闻传媒集团	大连市青少年刊社（事业单位）	21-1510/N	1672-7762	2004年	月刊	辽宁省大连市	国家新闻出版署推荐优秀少儿报刊；中国少儿报刊优秀奖期刊
200	轻兵器	中国兵器装备集团有限公司	中国兵器工业第二〇八研究所	11-1907/TJ	1000-8810	1978年	月刊	北京市	待收录
201	人口与健康	国家卫生健康委员会	人口与健康杂志社	10-1621/R	2096-7063	2019年	月刊	北京市	待收录
202	人人健康	山西出版传媒集团有限责任公司	山西三晋报刊传媒集团有限责任公司	14-1033/R	1004-597X	1982年	半月刊	山西省太原市	中国优秀医学期刊

第三章　中国科普期刊索引目录

(续表)

序号	期刊名称	主管单位	主办单位	刊号 CN	刊号 ISSN	创刊时间	出版周期	出版地	期刊荣誉
203	人与生物圈	中国科学院	中国科学院国际学术交流中心	11-4408/Q	1009-1661	1999年	双月刊	北京市	待收录
204	人与自然	云南出版集团有限责任公司	云南出版融媒体有限责任公司	53-1173/G	1671-3745	2001年	月刊	云南省昆明市	待收录
205	人之初	广东省人口和计划生育委员会	人之初杂志社	44-1608/R	1005-3581	1990年	半月刊	广东省广州市	全国最畅销的百万期刊之一
206	森林与人类	国家林业和草原局	中国绿色时报社,中国林学会	11-1224/S	1002-9990	1981年	月刊	北京市	2002年被中宣部、科技部和中国科协联合命名为"全国科普先进集体"

· 77 ·

(续表)

序号	期刊名称	主管单位	主办单位	刊号 CN	刊号 ISSN	创刊时间	出版周期	出版地	期刊荣誉
207	少儿科技	安徽省科学技术协会	安徽省老科技工作者协会，安徽省科学教育研究会	34-1245/N	671-3923	2002年	月刊	安徽省合肥市	2020年入选中国优秀科普期刊目录(50种)(中国科普作家协会)；全国优秀少儿期刊；华东地区优秀期刊；安徽省优秀期刊
208	少儿科学周刊	河北出版传媒集团有限责任公司	河北阅读传媒有限责任公司	13-1412/N	2095-2597	2011年	双月刊	河北省石家庄	2020年入选中国优秀科普期刊目录(50种)(中国科普作家协会)
209	少年电脑世界	青岛出版集团有限公司	青岛出版社有限公司	37-1275/TP	1007-4449	1997年	月刊	山东省青岛市	2020年入选中国优秀科普期刊目录(50种)(中国科普作家协会)；中国少先队事业发展中心推荐刊物；第四届中国优秀少儿报刊奖金奖；首届山东省新闻出版奖；全国青少年计算机考试(YNIT)指定刊物；山东省创客教育教学联盟合刊

第三章　中国科普期刊索引目录

(续表)

序号	期刊名称	主管单位	主办单位	刊号 CN	刊号 ISSN	创刊时间	出版周期	出版地	期刊荣誉
210	少年科学画报	北京出版集团有限责任公司	北京出版集团有限责任公司	11-2298/N	1000-7776	1979年	月刊	北京市	2020年入选中国优秀科普期刊目录(50种)(中国科普作家协会);2021年入选第五届中国出版政府奖(期刊奖);2013年入选"优秀科普期刊目录(30种)"(中国科协科普部)
211	生活与健康	国家卫生健康委员会	人民卫生出版社有限公司	11-4435/R	1009-3613	2000年	月刊	北京市	待收录
212	生命世界	中国科学院	中国科学院植物研究所,中国植物学会,高等教育出版社	11-5272/Q	1673-0437	1974年	月刊	北京市	2020年入选中国优秀科普期刊目录(50种)(中国科普作家协会);2013年入选"优秀科普期刊目录(30种)"(中国科协科普部)

(续表)

序号	期刊名称	主管单位	主办单位	刊号 CN	刊号 ISSN	创刊时间	出版周期	出版地	期刊荣誉
213	生命与灾害	上海市民防办公室	上海民防科学研究所	31-2029/X	1674-571X	1993年	月刊	上海市	2010年上海市中小学优秀期刊奖;上海市宣传世博服务世博先进期刊二等奖;入选北京国际图书博览会"2021中国精品期刊展"
214	生态文化	国家林业和草原局	中国林业文联	11-4472/I	1009-5454	2000年	双月刊	北京市	待收录
215	生态文明世界	国家林业和草原局	中国生态文化协会	10-1141/X	2095-6592	2013年	季刊	北京市	待收录
216	生物进化	中国科学院	中科院南京地质古生物研究所	32-1770/Q	1673-7024	2007年	季刊	江苏省南京市	待收录

第三章　中国科普期刊索引目录

（续表）

序号	期刊名称	主管单位	主办单位	刊号 CN	刊号 ISSN	创刊时间	出版周期	出版地	期刊荣誉
217	十万个为什么	上海世纪出版（集团）有限公司	上海少年儿童出版社有限公司	31-2108/N	2095-9311	1976年	旬刊	上海市	2020年入选中国优秀科普期刊目录（50种）（中国科普作家协会）；中国少儿科普经典品牌；国家新闻出版广电总局推荐优秀少儿期刊；华东地区优秀期刊
218	食品界	中国商业联合会	北京食品科学研究院	10-1162/TS	2095-638X	2013年	月刊	北京市	待收录
219	食品与健康	天津市科学技术学会	天津市科学技术期刊学会	12-1188/R	1004-0137	1991年	月刊	天津市	待收录
220	食品与生活	上海市国有资产监督管理委员会	上海市食品研究所	31-1616/TS	1004-5473	1979年	月刊	上海市	待收录

(续表)

序号	期刊名称	主管单位	主办单位	刊号 CN	刊号 ISSN	创刊时间	出版周期	出版地	期刊荣誉
221	世界博览	外交部	世界知识出版社有限公司	11-1505/Z	1003-0271	1984年	月刊	北京市	社科双百期刊
222	世界环境	生态环境部	生态环境部宣传教育中心	11-2397/X	1003-2150	1983年	双月刊	北京市	待收录
223	世界科学	上海科学院	上海科学研究所、上海社会科学院哲学研究所	31-1403/N	1000-0968	1978年	月刊	上海市	待收录
224	世界时装之苑	上海世纪出版（集团）有限公司	上海译文出版社	31-1586/TS	1006-1169	1988年	半月刊	上海市	待收录

(续表)

序号	期刊名称	主管单位	主办单位	刊号 CN	刊号 ISSN	创刊时间	出版周期	出版地	期刊荣誉
225	世界知识	外交部	世界知识出版社有限公司	11-1502/D	0583-0176	1934 年	半月刊	北京市	"全国百强报刊""数字影响力100强期刊""中国最美期刊"社科双奖期刊;首届全国优秀社科期刊;第三届（2005）国家期刊奖提名奖期刊
226	世界知识画报	外交部	世界知识出版社有限公司	11-1503/Z	1003-028X	1983 年	半月刊	北京市	待收录
227	数码摄影	中国机械工业联合会	北京卓众出版有限公司,北京科学技术期刊学会	11-5522/TP	1673-6753	2006 年	月刊	北京市	待收录
228	数码影像时代	中国科学技术协会	中国科学技术投资有限公司	11-5714/TN	1674-7658	2003 年	月刊	北京市	待收录

（续表）

序号	期刊名称	主管单位	主办单位	刊号 CN	刊号 ISSN	创刊时间	出版周期	出版地	期刊荣誉
229	四川烹饪	四川省商业投资集团有限责任公司	四川省商业投资集团有限责任公司	51-1197/TS	1004-2083	1983年	月刊	四川省成都市	全国优秀期刊奖；四川省优秀期刊一等奖；"四川出版·期刊奖"二等奖
230	太空探索	中国科学技术协会	中国宇航学会	11-4492/V	1009-6205	1981年	月刊	北京市	2002年获中国科协全国优秀科普期刊三等奖；中国期刊方阵"双效"期刊
231	坦克装甲车辆	中国兵器工业集团有限公司	中国北方车辆研究所	11-1936/TJ	1001-8778	1979年	半月刊	北京市	待收录
232	糖尿病新世界	全国卫生产业企业管理协会	全国卫生产业企业管理协会	11-5019/R	1672-4062	1998年	半月刊	北京市	待收录

(续表)

序号	期刊名称	主管单位	主办单位	刊号 CN	刊号 ISSN	创刊时间	出版周期	出版地	期刊荣誉
233	特别健康	湖北日报传媒集团	湖北日报楚天传媒(集团)有限责任公司	42-1852/R	2095-6851	2001年	月刊	湖北省武汉市	荣膺2014年"中国最美期刊"称号；荣获"中国邮政发行畅销报刊"
234	特种经济动植物	农业农村部	中国农业科学院特产研究所	22-1155/S	1001-4713	1998年	月刊	吉林省长春市	中国农业核心期刊；吉林省一级期刊；吉林省科技期刊30强
235	体育博览	北京市体育局	北京体育博览文化出版有限公司、北京市体育科学研究所	11-1383/G8	1002-3259	1978年	月刊	北京市	社科双效期刊

(续表)

序号	期刊名称	主管单位	主办单位	刊号 CN	刊号 ISSN	创刊时间	出版周期	出版地	期刊荣誉
236	天文爱好者	中国科学技术协会	中国天文学会,北京天文馆	11-1390/P	0493-2285	1958年	月刊	北京市	2020年入选中国优秀科普期刊目录(50种)(中国科普作家协会);2013年入选"优秀科普期刊目录(30种)"(中国科协科普部)
237	铁道知识	中国科学技术协会	中国铁道学会	11-1372/U	1000-0372	1980年	双月刊	北京市	中国优秀科技期刊
238	铁军	中国新四军和华中抗日根据地研究会	中国新四军和华中抗日根据地研究会	32-1626/K	1671-0150	1997年	月刊	江苏省南京市	江苏省优秀期刊
239	微型计算机	重庆西南信息有限公司	重庆西南信息有限公司	50-1074/TP	1002-140X	1980年	半月刊	重庆市	第三届国家期刊奖百种重点期刊;中国期刊方阵"双效期刊"

(续表)

序号	期刊名称	主管单位	主办单位	刊号 CN	刊号 ISSN	创刊时间	出版周期	出版地	期刊荣誉
240	未来科学家	江苏省广播电视总台	江苏教育频道编辑部	32-1660/N	1671-6507	1998年	月刊	江苏省南京市	2020年入选中国优秀科普期刊目录（50种）（中国科普作家协会）；2008年、2009年，国家新闻出版署连续两年向全国少年儿童推荐的优秀少儿刊物
241	文博	陕西省文物局	陕西省文物局	61-1009/K	1000-7954	1984年	双月刊	陕西省西安市	待收录
242	文明	中共北京市委宣传部	首都文明工程基金会	11-4789/D	1671-5241	2001年	月刊	北京市	第三届中国出版政府奖提名奖；第四届中国出版政府奖
243	向天少年	中国科学技术协会	中国航空学会	10-1818/V	2097-1184	2022年	月刊	北京市	待收录

(续表)

序号	期刊名称	主管单位	主办单位	刊号 CN	刊号 ISSN	创刊时间	出版周期	出版地	期刊荣誉
244	我们爱科学	共青团中央	中国少年儿童新闻出版总社有限公司	11-1067/C	0510-7148	1960年	半月刊	北京市	2020年入选中国优秀科普期刊目录(50种)(中国科普作家协会);2013年入选"优秀科普期刊目录(30种)"(中国科协科普部);中国最美期刊;连续九次获国家期刊奖百种重点期刊;中国国家新闻出版署列为优秀少儿期刊;连续八次荣获全国少儿报刊金奖
245	无线电	工业和信息化部	人民邮电出版社有限公司	11-1639/TN	0512-4174	1955年	月刊	北京市	2020年入选中国优秀科普期刊目录(50种)(中国科普作家协会);2013年入选"优秀科普期刊目录(30种)"(中国科协科普部);卓越计划期刊

第三章 中国科普期刊索引目录

（续表）

序号	期刊名称	主管单位	主办单位	刊号 CN	刊号 ISSN	创刊时间	出版周期	出版地	期刊荣誉
246	现代兵器	中国工业兵器集团公司	中国兵器工业第二一〇研究所	11-1761/TJ	1000-7385	1979年	月刊	北京市	2020年入选中国优秀科普期刊目录（50种）（中国科普作家协会）
247	现代计算机	中山大学	广州中山大学出版社有限公司	44-1415/TP	1007-1423	1985年	旬刊	广东省广州市	待收录
248	现代舰船	中国船舶重工集团有限公司	中国船舶重工集团公司第七一四研究所	11-1884/U	1003-2339	1963年	半月刊	北京市	中科双效期刊
249	现代物理知识	中国科学院	中国科学院高能物理研究所	11-2441/O3	1001-0610	1989年	双月刊	北京市	待收录

(续表)

序号	期刊名称	主管单位	主办单位	刊号 CN	刊号 ISSN	创刊时间	出版周期	出版地	期刊荣誉
250	现代养生	河北省卫生厅	河北省医疗气功医院	13-1305/R	1671-0223	1985年	半月刊	河北省秦皇岛市	中国医师协会系列期刊;百种重点期刊
251	乡村科技	河南省科技厅	河南省科学技术信息研究院	41-1412/S	1674-7909	2010年	半月刊	河南省郑州市	河南省自然科学一级期刊
252	消费电子	工业和信息化部	中国电子商会	11-5879/TM	1674-7712	2003年	月刊	北京市	待收录
253	消费指南	国家市场监督管理总局	中国消费品质量安全促进会	11-5164/F	1672-5816	2004年	月刊	北京市	待收录

(续表)

序号	期刊名称	主管单位	主办单位	刊号 CN	刊号 ISSN	创刊时间	出版周期	出版地	期刊荣誉
254	小哥白尼	陕西省出版印刷公司	陕西省出版印刷公司	61-1286/N	1007-7707	2006年	旬刊	陕西省西安市	2020年入选中国优秀科普期刊目录(50种)(中国科普作家协会);2013年入选"优秀科普期刊目录(30种)"(中国科协科普部);2009至2014连续六年入选国家邮政报刊发行局"中国邮政发行畅销报刊"(80种);2010至2014年连续五年入选"中国邮政'阅读伴您成长'全国校园核心报刊"(30种);2014年被中国期刊协会等单位授予"2013年动漫、少儿类期刊平均印数Top10"荣誉
255	心理与健康	中国科学技术协会	中国心理卫生协会	11-3387/R	1005-7064	1994年	月刊	北京市	全国中小学图书馆配期刊

· 91 ·

(续表)

序号	期刊名称	主管单位	主办单位	刊号 CN	刊号 ISSN	创刊时间	出版周期	出版地	期刊荣誉
256	新安全	人民日报社	人民日报社	11-4866/N	1671-9298	1980年	月刊	上海市	待收录
257	新潮电子	重庆西南信息有限公司	重庆西南信息有限公司	50-1077/TN	1007-077X	1996年	月刊	重庆市	待收录
258	新发现	上海世纪出版(集团)有限公司	上海科技教育出版社有限公司	31-1963/Z	1673-3371	2005年	月刊	上海市	2013年入选"优秀科普期刊目录(30种)"(中国科协科普部)
259	新疆人文地理	新疆维吾尔自治区新闻出版局	新疆电子音像出版社	65-1272/K	1674-3237	2008年	双月刊	新疆维吾尔自治区乌鲁木齐市	待收录

(续表)

序号	期刊名称	主管单位	主办单位	刊号 CN	刊号 ISSN	创刊时间	出版周期	出版地	期刊荣誉
260	新农业	辽宁省农业农村厅	沈阳农业大学	21-1091/S	1002-4298	1971年	半月刊	辽宁省沈阳市	2013年入选"优秀科普期刊目录（30种）"（中国科协科普部）；百种重点期刊；中科双百期刊；第二届全国优秀科技期刊；辽宁省优秀期刊；全国优秀农业期刊；全国优秀科技期刊；第二届全国优秀科技期刊评比中获二等奖；在全国家"期刊方阵"中被新闻出版署评为全国"双百期刊"；第三届国家期刊奖评选中获"百种重点期刊"金牛奖；获第五届全国农业期刊"金犁奖；中国北方优秀期刊；2013年杂志获"全国百强报刊"奖；辽宁省一级期刊
261	养生大世界	中国老年保健协会	中国老年保健协会	11-4709/Z	1671-2269	2002年	半月刊	北京市	待收录

· 93 ·

(续表)

序号	期刊名称	主管单位	主办单位	刊号 CN	刊号 ISSN	创刊时间	出版周期	出版地	期刊荣誉
262	养生月刊	浙江省中医药管理局	浙江省中医药研究院	33-1265/R	1671-1734	1980年	月刊	浙江省杭州市	待收录
263	药物与人	北京市药品监督管理局	北京药学会	11-2233/R	1002-3763	1988年	月刊	北京市	北京市科技期刊质量奖
264	医食参考	辽宁省生物科学研究院	辽微医食研究所	21-1538/R	1673-7822	2007年	月刊	辽宁省沈阳市	待收录
265	医学食疗与健康	湖南省科学技术协会	湖南省药膳食疗研究会、中国医师协会	43-1545/R	2096-5249	2003年	月刊	湖南省长沙市	中国医师协会系列期刊
266	医药前沿	河北省卫生健康委员会	河北省疾病预防控制中心	13-1405/R	2095-1752	1979年	旬刊	河北省保定市	待收录

· 94 ·

第三章 中国科普期刊索引目录

（续表）

序号	期刊名称	主管单位	主办单位	刊号 CN	刊号 ISSN	创刊时间	出版周期	出版地	期刊荣誉
267	益寿宝典	华商报社	《华商报》社	61-1498/TS	1673-2448	2004年	旬刊	陕西省西安市	待收录
268	饮食科学	辽宁省人民政府国有资产监督管理委员会	辽宁利盟国有资产经营有限公司	21-1158/TS	1008-9489	1972年	半月刊	辽宁省沈阳市	中国北方优秀期刊；辽宁省一级期刊
269	园林	上海市绿化和市容管理局	上海市园林科学规划研究院、中国风景园林学会	31-1118/S	1000-0283	1984年	月刊	上海市	1990—1991年上海市优秀科技期刊；1997上海市优秀科技期刊；2002年中国期刊方阵"双效"期刊
270	运动精品	广西壮族自治区体育局	广西壮族自治区体育科学研究所	45-1296/G8	1004-2644	1982年	月刊	广西壮族自治区南宁市	待收录

(续表)

序号	期刊名称	主管单位	主办单位	刊号 CN	刊号 ISSN	创刊时间	出版周期	出版地	期刊荣誉
271	长寿	天津出版传媒集团有限公司	天津科学技术出版社有限公司	12-1040/N	1006-2742	1980年	月刊	天津市	待收录
272	知识就是力量	中国科学技术协会	中国科学技术出版社有限公司	11-1647/N	0529-150X	1956年	月刊	北京市	2020年入选中国优秀科普期刊目录(50种)(中国科普作家协会);2013年入选"优秀科普期刊目录(30种)"(中国科协科普部;中国科技期刊卓越行动计划入选项目
273	知识就是力量（汉藏文）	中国科学技术协会	中国科学技术出版社有限公司	10-1569/N	2096-5826	2015年	双月刊	北京市	待收录

第三章　中国科普期刊索引目录

（续表）

序号	期刊名称	主管单位	主办单位	刊号 CN	刊号 ISSN	创刊时间	出版周期	出版地	期刊荣誉
274	知识文库	黑龙江出版传媒股份有限公司	黑龙江北方文艺出版社有限公司	23-1111/Z	1002-2708	1985年	月刊	黑龙江省哈尔滨市	待收录
275	致富天地	中共云南省委组织部	中共云南省委云岭先锋杂志社	53-1146/F		1999年	月刊	云南省昆明市	全国优秀农业期刊；全国农家书屋工程重点推荐期刊
276	智力	天津出版传媒集团有限公司	天津人民出版社有限公司	12-1038/G	1001-1730	1983年	旬刊	天津市	天津市优秀期刊；首届中国优秀少儿报刊奖
277	中国保健食品	国家中医药管理局	中国中医药科技开发交流中心	11-4517/R	1009-7023	2001年	月刊	北京市	待收录

(续表)

序号	期刊名称	主管单位	主办单位	刊号 CN	刊号 ISSN	创刊时间	出版周期	出版地	期刊荣誉
278	中国保健营养	国家卫生健康委员会	全国卫生产业企业管理协会、山西省卫生产业企业管理协会	14-1172/R	1004-7484	1992年	月刊	北京市	待收录
279	中国动物保健	中国科学技术协会	中国乡镇企业协会、北京中美欧畜牧科学研究院有限公司、中国动物保健品协会	11-3994/Q	1008-4754	1999年	月刊	北京市	待收录

第三章　中国科普期刊索引目录

(续表)

序号	期刊名称	主管单位	主办单位	刊号 CN	刊号 ISSN	创刊时间	出版周期	出版地	期刊荣誉
280	中国国家地理	中国科学院	中国科学院地理科学与资源研究所、中国地理学会	11-4542/P	1009-6337	1950年	月刊	北京市	2020年入选中国优秀科普期刊目录(50种)(中国科普作家协会);2013年入选"优秀科普期刊目录(30种)"(中国科协科普部);卓越计划期刊;2009最受广告主、广告商青睐的时尚与消费类期刊;第四届中国出版政府奖
281	中国国家天文	中国科学院	中国科学院国家天文台	11-5468/P	1673-6672	2006年	月刊	北京市	2020年入选中国优秀科普期刊目录(50种)(中国科普作家协会)、"中国科普博览最具品质媒体合作伙伴""新浪2019最佳科学传播媒体奖""典赞·2019科普中国十大科普自媒体"

(续表)

序号	期刊名称	主管单位	主办单位	刊号 CN	刊号 ISSN	创刊时间	出版周期	出版地	期刊荣誉
282	中国花卉园艺	国家林业和草原局	中国花卉协会	11-4496/Z	1009-8496	2001年	月刊	北京市	待收录
283	中国科学探险	中国科学技术协会	中国科学探险学会，北京《电脑爱好者》杂志社	11-5048/N	1672-6499	2003年	双月刊	北京市	待收录
284	中国汽车画报	中国汽车工业协会	中国汽车工业经济技术信息研究所	11-3717/U		2011年	月刊	北京市	待收录
285	中国生殖健康	国家卫生健康委员会	中国人口出版社有限公司	10-1500/R	2096-4331	2017年	月刊	北京市	待收录

第三章 中国科普期刊索引目录

（续表）

序号	期刊名称	主管单位	主办单位	刊号 CN	刊号 ISSN	创刊时间	出版周期	出版地	期刊荣誉
286	中国食品	中国商业联合会	北京市食品科学研究院	11-1498/TS	1000-1085	1972年	半月刊	北京市	待收录
287	中国水产	农业部	全国水产技术推广总站	11-1154/S	1002-6681	1958年	月刊	北京市	待收录
288	中国眼镜科技杂志	中国轻工业联合会	国家轻工业眼镜信息中心、中国眼镜协会	50-1101/TS	1004-6615	1989年	月刊	重庆市	待收录
289	中华环境	生态环境部	中华环保联合会、中国环境出版集团有限公司	10-1197/X	2095-7033	2014年	月刊	北京市	待收录

(续表)

序号	期刊名称	主管单位	主办单位	刊号 CN	刊号 ISSN	创刊时间	出版周期	出版地	期刊荣誉
290	中华家教	中华全国妇女联合会	中国家庭教育学会	11-3056/G4	1007-693X	1992年	双月刊	北京市	中国期刊方阵双效期刊;中国家庭教育学会会刊
291	中华奇石	宁夏回族自治区文史研究馆	宁夏回族自治区文史研究馆	64-1060/N	1673-9566	2007年	月刊	宁夏回族自治区银川市	全国第二届"我是期刊领读者"活动入选"优秀期刊TOP40";中国最美期刊;国家图书馆永久收藏期刊;庆祝中华人民共和国成立70周年精品期刊
292	中华养生保健	国家中医药管理局	中国中医药学会	11-4536/R	1009-8011	2001年	月刊	北京市	待收录
293	中华遗产	中国出版传媒股份有限公司	中华书局有限公司	11-5247/G2	1672-8971	2004年	月刊	北京市	待收录
294	中老年保健	国家卫生健康委员会	中日友好医院	11-1015/R	1002-7157	1986年	月刊	辽宁省沈阳市	2013年入选"优秀科普期刊目录(30种)"(中国科协科普部);卫生部医药卫生期刊优秀奖

第三章 中国科普期刊索引目录

（续表）

序号	期刊名称	主管单位	主办单位	刊　号		创刊时间	出版周期	出版地	期刊荣誉
				CN	ISSN				
295	中南药学	湖南省食品药品监督管理局	湖南省药学会	43-1408/R	1672-2981	2013年	月刊	湖南省长沙市	待收录
296	中外女性健康	教育部	武汉大学	42-1869/R	2096-0417	1993年	半月刊	湖北省武汉市	待收录
297	中外食品	中国轻工业联合会	中国食品工业（集团）公司 中国食品科学技术学会	11-4823/TS	1671-8895	1994年	月刊	北京市	待收录
298	中学科技	上海世纪出版（集团）有限公司	上海科技教育出版社有限公司	31-1354/N	1006-0545	1976年	半月刊	上海市	2020年入选中国优秀科普期刊目录（50种）（中国科普作家协会）；中科双效期刊

（续表）

序号	期刊名称	主管单位	主办单位	刊号 CN	刊号 ISSN	创刊时间	出版周期	出版地	期刊荣誉
299	中学生数理化（初中版）	河南教育报刊社	河南教育报刊社	41-1098/O	1003-2215	1981年	月刊	河南省郑州市	2013年入选"优秀科普期刊目录（30种）"（中国科协科普部）；全国邮政自然科学一级期刊；全国邮政校园核心报刊；中国优秀少儿报刊金奖
300	中学生数理化（高中版）	河南教育报刊社	河南教育报刊社	41-1099/O	1001-6953	1981年	月刊	河南省郑州市	待收录
301	中医健康养生（中英文）	国家中医药管理局	《中国中医药报》社有限公司	10-1279/R	2095-9028	2015年	月刊	北京市	2020年入选中国优秀科普期刊目录（50种）（中国科普作家协会）；期刊数字影响力100强；中国最美期刊
302	猪业观察	农业农村部	农民日报社,中国畜牧兽医学会	10-1185/S	2096-8914	1996年	双月刊	北京市	待收录

(续表)

序号	期刊名称	主管单位	主办单位	刊号 CN	刊号 ISSN	创刊时间	出版周期	出版地	期刊荣誉
303	祝您健康	江苏凤凰出版传媒股份有限公司	江苏凤凰科学技术出版社有限公司	32-1051/R	1003-4242	1980年	月刊	江苏省南京市	荣获国家级、省级优秀期刊称号；中国期刊方阵双效期刊；江苏省一级期刊；华东地区优秀期刊和江苏省优秀期刊
304	自然杂志	上海市教育委员会	上海大学	31-1418/N	0253-9608	1978年	双月刊	上海市	2010年获教育部科学技术司第三届中国高校优秀科技期刊奖；2009年获全国高校科技期刊优秀编辑质量奖
305	自我保健	上海市卫生健康委员会	上海市医学会	31-1753/R	1008-0430	1995年	月刊	上海市	"健康上海"指定合作媒体
306	座驾	中国机械工业联合会	机械工业信息研究院	11-5250/TH	1672-9196	2009年	月刊	北京市	待收录

附录一
典型科普期刊案例介绍

科普期刊是传播、普及科学知识的重要媒介，对儿童少年教育、国民科学素养提升、国民健康民生保障等方面具有重要意义。本书收录了306种科普期刊，分布于各个专业学科中，有专业学科期刊也有综合性期刊。现在附录中收录几种在各学科期刊发展中有代表性的科普期刊。他们中有的办刊历史悠久、有的在融媒体发展中有创新、有的专业性较强，出版量大、受众人群多，他们都是经典的科普期刊。以供科普文章的撰写者、杂志期刊的主管主办单位、政策制定方等参考。

1.《科学》和《科学画报》

《科学》于1915年创刊，办刊宗旨是"以传播世界最新科学知识为帜志"。是国内最早出版发行的综合性科学类科普期刊。现主管单位分别是上海世纪出版（集团）和上海科学技术协会。现主办单位是上海科学技术出版社。

创刊初期《科学》杂志阅读群体定位为"有一定知识文化背景的学生和科学研究者"，以高中和大学学生、中等学校理科教员、专门学者为固定受众人群。随着要实现中国科学化、知识普及化，需要将科学知识带给一般群众，提高其科学知识水平的理念，期刊的受众人群要从有一定的科学知识的人群转向至普通大众，《科学》杂志的内容不能满足需求。因此在1933年创刊的《科学画报》就承担此历史使命。《科学画报》是国内第一本图文并茂的科普类刊物。面向普通大众，用简单文字和浅显易懂的图片或照片，把世界最新科学发明、知识、现象介绍给他们。目前《科学》杂志面向专业人群，《科学画报》面向普通人群。

《科学》《科学画报》是最早的分层阅读、精准科普受众人群的典范。此二本期刊在中国期刊历史上留下极重的分量，对于现今科普刊物的发展也有积极地借鉴意义。

2.《知识就是力量》

《知识就是力量》于1956年创刊，周恩来总理亲笔为杂志题写了刊名，现主管单位为中国科学技术协会，主办单位是中国科学技术出版社，是国内印数最高的科普杂志之一。2014年1月改版后杂志定位国家级青少年综合性图文科普期刊。中国许多著名科学家，如钱学森、华罗庚、茅以升、李四光、白春礼等，都曾为该刊创作了优秀的科普文章。近百位院士将其科学精神和科研成果以通俗易懂的方式广泛传播，影响了一代又一代国人。

一份好的期刊要保持生命力，要求新求变，顺应时代顺应读者需求。《知识就是力量》杂志携手中国盲文出版社，出版《知识就是力量》盲文版和有声光盘版，为上千万盲人提供科普阅读。开辟《知识就是力量（汉藏文）》藏文科普专区。目前期刊以"纸媒＋音频＋视频"的全媒体模式出版，让读者获得全方位的阅读体验。

3.《十万个为什么》

《十万个为什么》于1976年创刊，以"传播科学，推动创新"为办刊宗旨。原名《少年科学》，它和图书《十万个为什么》系出同源，均是国内专业儿童读物出版社——少年儿童出版社出版，于2015年更名为《十万个为什么》。杂志的作者团队由上百名院士和近千名海内外科学家和科普作家组成，十分权威。《十万个为什么》是一本培养少年儿童科学素养和综合素质的科普杂志，中国最优秀的少儿科普期刊之一，中国科学教育著名品牌，超过17万中小学图书馆订阅。

该期刊由少年儿童出版社主办，还出版了少年儿童科学科普系列丛书，包括《食品转基因》《网络传染病》《全球大变暖》《建筑高智商》《气象新世界》《纳米小精灵》等。

《十万个为什么》杂志与美国《国家地理》杂志战略合作，中西科普内容融合。《十万个为什么》杂志为不同年龄段的小读者提供更有针对性的"分级科普"。它根据读者的年龄分为三个版本，每个版本同时配有相应的PAD版和《教师手册》。为满足少年儿童对健康知识的需求，其健康版也已经纳入出版计划。作为一个全媒体期刊，PAD版在整合国家地理的优秀资源后，呈现更丰富的视频资料及精美传神的科学图片。组织"环球自然日——青少年自然科学知识挑战活动""十万个为什么——上海青少年科学考察报告大赛"等线下活动。

4.《中国国家地理》

《中国国家地理》于1950年创刊。《中国国家地理》杂志的前身是《地理知识》，办刊宗旨是"为人民普及地理知识"。2000年10月，正式更名为《中国国家地理》。

《中国国家地理》在办刊60余年里不断创新，充分依靠中国科学院地理科学与资源研究所主办单位的资源优势，吸引大批读者。

《中国国家地理》旗下有《中华遗产》《博物》子刊，三本期刊分层次阶梯式的出版设计，覆盖多个年龄层，从题材设定到话题传播，对读者群迭代培养起到了至关重要的作用。《中国国家地理》与影视公司、图书公司和新媒体公司，打通了纸上、网上和移动终端等不同的媒体介质，以融媒体的方式传播自然科学和历史文化领域的新发现与新进展，不断提升用户的阅读体验。每年《中国国家地理》组织上百场的"中国国家地理大讲堂"全国巡回演讲、"博物课堂"、图片巡回展览、读者联谊会，并分布文创产品，与读者互动并且根据读者的反馈意见调整选题和传播方式。

仅在抖音短视频平台上《中国国家地理》粉丝量就有332万。《博物》杂志副主编，《中国国家地理》融媒体中心主任"无穷小亮的科普日常"在抖音平台上的粉丝达2266万。目前《中国国家地理》拥有新媒体官方运营号、新媒体广告、博物旅行（自然出行）、博物小馆（文创）、品牌运营和IP打造等，在跨界创新方面取得了骄人的业绩。

5.《科幻世界》

《科幻世界》创刊于1979年。四川省科学技术协会主管主办。是中国，乃至全世界发行量最大的科幻科普期刊。是目前中国科幻出版领域最具影响力的专业期刊之一，被誉为"中国科幻大本营"。

《科幻世界》在融媒体创新发展中起步较早。除了在微博、微信、BiliBili（b站）上创建官方账号外，还在不断扩大自身的新媒体矩阵，创建了"科幻世界"知乎账号、抖音号、快手号和海外账号等功能型账号，发布影视类、图书类资讯。和期刊分层阅读一样管理这些官方账号，基于不同新媒体平台目标受众的特点发布具有侧重点的内容。

《科幻世界》通过开展实施"六个一"品牌项目，跨界式多元化发展。"六个一"项目即一刊、一书系、一奖、一会、一展、一工程。"一刊"是《科幻世界》期刊矩阵，包括《科幻世界》《科幻世界·少年版》《科幻世界·译文版》《科幻世界画刊·小牛顿》等。"一书系"指图书视野工程，"一奖"每年由《科幻世界》独家主办中国科幻小说界最高荣誉奖项"银河奖"，"一会"举办中国（成都）国际科幻大会，"一展"指天府科幻奇幻电影展，"一工程"指科普科幻想象力教育工程。《科幻世界》通过这些项目建设延伸了期刊产业。这便是《科幻世界》风靡于大中学生、广大青年人和所有科幻爱好者中的真正原因。

附录二
《首届中国医院科普声誉调研报告》

在本书收录的科普期刊中，医药卫生专业学科期刊占近四分之一，是各学科中占比最高的。有26种科普期刊是由国家或各省直辖市卫健委主管，有5种期刊由公立医疗机构主办。很多健康医疗科普文章都是由医疗卫生专家们撰写。医疗机构尤其是公立医院，在"人人传播，万物皆媒"的时代，更是承担着医疗服务和医学科普正规军的重任。故本书收录了，2022年11月19日由上海市工程管理学会大健康工程管理专委会、"达医晓护"医学传播智库和万达信息共同发布的《首届中国医院科普声誉调研报告》，为医务工作者更全面地开展科普工作提供借鉴。

附录二 《首届中国医院科普声誉调研报告》

《首届中国医院科普声誉调研报告》

发布时间：2022年11月19日

贯彻落实《健康中国行动（2019—2030）》《"十四五"国民健康规划》，实现"从以治病为中心转向以人民健康为中心"，是新时代党中央做出的重大战略决策部署，是对健康事业提出的新要求。医疗机构，尤其是公立医院，在"人人传播，万物皆媒"的时代，更是承担着医疗服务和医学科普正规军的重任。医疗机构开展医学科普与健康教育，对疾病的预防、治疗、护理、康复、管理等许多具体环节都具有特殊的意义和作用，是医院工作的重要组成部分。

在这个背景下，上海市工程管理学会大健康工程管理专委会、"达医晓护"医学传播智库和万达信息共同发布《首届中国医院科普声誉调研报告》。

本调研是由上海市工程管理学会大健康工程管理专业委员会作为独立第三方学术机构组织开展的公益性项目。从科学性和可操作性出发，本调研活动主要借鉴国内外相关成熟的榜单或声誉评比方法，评价权重主要来源于专家评议，评价品质取决于评议专家的权威性和敬业程度。

本调研向国家级医学科普组织的成员发出调研问卷，并将所有回复专家的投票进行加权统计，形成本年度的中国医院科普声誉调研报告。问卷发出对象覆盖了全国24个省市自治区的333名专家。现对问卷结果报告如下：

从医院性质来看，本次调研活动中获有效提名的医院遍布全国 23 个省市共 155 家医院，综合性医院占比达 75.48%，前三甲北京协和医院、复旦大学附属中山医院、四川大学华西医院均为综合性医院，排名最高的专科性医院为复旦大学附属肿瘤医院，排名 16。综合性医院拥有功能齐全的学科门类、雄厚的专家队伍，加之庞大的患者与家属群体对其较高的认可度与信任度，因此在健康科普教育方面具有强大的资源优势，可以整合多学科的力量与智慧，建立起立体的健康教育与科普服务网络。

从地域分布情况来看，东部地区医院占比达到 68.39%，中部地区医院占 14.84%，西部地区医院占 10.97%。此外，上榜医院数量排名前三的城市均位于东部发达地区，分别是上海 36 家、北京 29 家、广州 10 家，分别占 23.23%、18.71%、6.45%。比较而言，东部地区经济发展水平相对较高、人才集聚，这也为科普工作提供了更好的保障条件。中西部也成为未来我国医院科普事业发展需要重点关注的区域。

附：中国医院科普声誉调研排名前 50 的医院名单

排名	医 院 名 称	标化得分
1	北京协和医院	100.00
2	复旦大学附属中山医院	96.89
3	四川大学华西医院	86.56
4	上海市东方医院	76.43
5	上海市第六人民医院	64.25
6	上海交通大学医学院附属瑞金医院	63.54
7	中南大学湘雅医院	62.32
8	复旦大学附属华山医院	60.33
9	华中科技大学同济医学院附属同济医院	48.84

附录二 《首届中国医院科普声誉调研报告》

（续表）

排名	医 院 名 称	标化得分
10	中国人民解放军总医院	46.60
11	北京大学第三医院	46.60
12	北京大学第一医院	42.84
13	首都医科大学附属北京朝阳医院	42.12
14	北京大学人民医院	41.38
15	上海交通大学医学院附属仁济医院	40.64
16	复旦大学附属肿瘤医院	39.49
17	浙江大学医学院附属第二医院	36.26
18	上海市同仁医院	35.84
19	浙江大学医学院附属邵逸夫医院	34.97
20	浙江大学医学院附属第一医院	33.18
21	复旦大学附属眼耳鼻喉科医院	31.77
22	上海中医药大学附属曙光医院	30.79
23	中国医学科学院肿瘤医院	28.73
24	上海中医药大学附属岳阳中西医结合医院	28.20
24	复旦大学附属妇产科医院	28.20
26	上海市第九人民医院	26.52
26	华中科技大学同济医学院附属协和医院	26.52
26	广东省中医院	26.52
26	郑州大学附属郑州中心医院	26.52
30	中山大学附属第一医院	25.94
30	山东大学齐鲁医院	25.94

(续表)

排名	医院名称	标化得分
32	河南省人民医院（郑州大学人民医院）	25.34
33	上海市第一妇婴保健院	24.73
33	北京大学第六医院	24.73
33	首都医科大学附属北京安贞医院	24.73
33	海军军医大学第一附属医院（长海医院）	24.73
37	上海市精神卫生中心	24.10
37	首都医科大学宣武医院	24.10
37	空军军医大学西京医院	24.10
40	复旦大学附属华东医院	23.46
40	湖南省人民医院	23.46
40	西安交通大学第二附属医院	23.46
40	广东省人民医院	23.46
40	福建医科大学附属第一医院	23.46
45	深圳市第三人民医院	22.80
46	首都医科大学附属北京友谊医院	22.12
46	广东医科大学附属医院	22.12
46	江苏省人民医院（南京医科大学第一附属医院）	22.12
46	天津医科大学总医院	22.12
50	上海中医药大学附属龙华医院	20.69

后　记

　　本书是全国专门评价科普期刊的工具用书，既可以作为科技工作者撰写发表科普文章的指南，也为各级行政主管部门和人力资源管理部门进行员工业绩考核提供了重要依据，对有关部门的科普期刊发展规划和督促检查亦有参考价值。可以吸引更多专业人士加入科普人才队伍，助力科普作品创作，推动科普产业发展，加强科普交流合作。在"人人传播，万物皆媒"的时代，加强科普专业性准确性引导，守正规范，坚持内容为王，稳定科普期刊作品质量。

　　目前，国内未有统一科普期刊分类编号，本书的编写是在大量正式出版期刊基础上的甄别遴选，难免存在遗漏，请广大科技科普工作者批评指正。作为首个科普期刊的专业概览性著作，本书也将每年修订出版，持续更新。